本著作由“北京高等学校青年英才计划项目
(Beijing Higher Education Young Elite Teacher Project)”资助
项目编号：YETP1758

基于精益思想的中小型第三方物流企业配送管理信息系统的研究与设计

王 慧 著

北 京
冶 金 工 业 出 版 社
2014

内 容 提 要

本书全面介绍了以第三方物流企业配送管理信息系统开发和设计的全过程。内容涵盖系统需求分析、系统概要设计、系统详细设计、界面设计等内容。本书不仅可以帮助读者了解第三方物流企业配送信息系统开发的全面工作业务流程，也将精益思想指导企业配送如何与自身情况相结合，真正提高第三方物流企业配送信息化管理水平。具有较强的理论和实践的结合性，具有实用性、易操作性、部分创新性，是从事该行业科研、教学、管理人员的必要参考资料。

图书在版编目(CIP)数据

基于精益思想的中小型第三方物流企业配送管理信息系统的研究与设计/王慧著．—北京：冶金工业出版社，2014.4
ISBN 978-7-5024-6574-2

Ⅰ.①基… Ⅱ.①王… Ⅲ.①物资企业—企业管理—管理信息系统—研究 Ⅳ.①F253-39

中国版本图书馆CIP数据核字(2014)第070370号

出 版 人 谭学余
地　　址 北京北河沿大街嵩祝院北巷39号，邮编100009
电　　话 (010)64027926 电子信箱 yjcbs@cnmip.com.cn
责任编辑 姜晓辉 美术编辑 彭子赫 版式设计 孙跃红
责任校对 郑 娟 责任印制 牛晓波
ISBN 978-7-5024-6574-2
冶金工业出版社出版发行；各地新华书店经销；北京慧美印刷有限公司印刷
2014年4月第1版，2014年4月第1次印刷
169mm×239mm；7.5印张；103千字；110页
30.00元

冶金工业出版社投稿电话：(010)64027932 投稿信箱：tougao@cnmip.com.cn
冶金工业出版社发行部 电话：(010)64044283 传真：(010)64027893
冶金书店 地址：北京东四西大街46号(100010) 电话：(010)65289081(兼传真)
(本书如有印装质量问题，本社发行部负责退换)

引　言

现代物流作为企业的一个重要利润源泉，在国民经济和社会发展中发挥着越来越重要的作用。随着第三方物流的出现，极大地带动了我国物流产业的迅猛发展。而物流信息化水平，则是关系到物流企业服务质量和是否具有市场竞争力的重要因素。

作为物流企业信息化建设水平重要体现的物流管理信息系统，是物流企业提高服务水平和增强物流企业核心竞争力的重要保证。在第三方物流企业的业务和管理信息化的过程中，配送管理是第三方物流企业物流作业管理的一个重要组成部分，配送的效率直接影响整个物流系统的运作。如何提高管理效率、优化资源配置、降低管理成本、提高顾客满意度，是第三方物流企业面临的管理方面的重要问题。配送管理信息系统作为物流信息系统的一部分，为解决上述问题提供了一个很好的选择。而随着电子商务及供应链的发展，对第三方物流企业的配送管理也提出了新的要求。

精益思想是起源于日本丰田公司的一种管理思想。其核心是追求消除企业运营过程中产生的一切浪费，并围绕此目标发展一系列的具体方法。精益物流管理理论是从精益生产和精益思想理论演变而来的，物流专家将精益思想运用到物流管理中，从物流管理的角度进行了大量的借鉴工作，并与供应链管理的思想融合起来，提出了精益物流新概念。

精益物流理论的产生，为我国的传统物流企业提供了一种新的发展思路，为这些企业在新经济中生存和发展提供了机遇。精益物流理论符合现代物流行业的发展趋势，该理论所强调的消除浪费、持续改善是传统物流企业继续生存和发展必须具备的根本思想。精益物流理论使得传统物流企业的经营观念转变为以顾客需求为中心，不断谋求物流服务价值增值的现代经营管理理念。实施精益物流模式能有效地降低物流成本，极大地提高企业的物流工作效率和客户满意度，提高物流企业的经济效益，提升物流企业的物流管理水平，为物流企业持续高效发展提供有力的保证，为物流企业竞争力的提高发挥了强大支持作用。

本书是由“北京高等学校青年英才计划项目（Beijing Higher Education Young Elite Teacher Project）”资助课题的阶段性研究成果。全书以第三方物流行业的信息化现状及存在问题为研究背景，阐述了第三方物流配送及精益物流的相关理论，并在此基础之上，对中小型第三物流企业配送情况进行分析，并将精益物流理论应用于此进行深入研究。进而，根据中小型第三方物流企业的特点，对其管理信息系统进行总计设计和详细设计，为第三方物流企业的信息化实施过程提供借鉴。

在本书的写作过程中，参考了许多相关资料，作者已尽可能详细地在每章后的参考文献中列出，在此对这些专家、学者们深表谢意。也有可能由于疏忽有些并没有列出资料引用的出处，若发生此类情况，再次表示万分歉意。

由于作者水平有限，再加上精益物流在非生产性行业的应用属于新问题，对此类的研究还不够深入。因此，在本书的分析和研究中难免出现谬误。作者真心希望读者提出批评意见，以便我们及时改正。

王　慧

2014 年 2 月

目　录

1　绪　论 …… 1

1.1　课题背景 …… 1

1.2　物流管理信息化现状 …… 2

1.2.1　第三方物流管理信息系统的开发现状 …… 2

1.2.2　第三方物流管理信息系统的应用现状 …… 3

1.2.3　第三方物流 MIS 开发与应用中存在的问题 …… 4

1.3　研究的目的及意义 …… 6

1.4　研究思路及研究方案 …… 7

参考文献 …… 8

2　相关理论综述 …… 10

2.1　第三方物流配送 …… 10

2.1.1　物流及第三方物流概述 …… 10

2.1.2　第三方物流配送概念 …… 11

2.1.3　第三方物流配送模式 …… 11

2.1.4　第三方物流配送趋势 …… 12

2.2　精益物流的理论基础 …… 14

2.2.1　精益生产方式的产生与发展 …… 14

2.2.2　精益思想的产生 …… 15

2.2.3　精益思想的内容 …… 15

2.3　精益物流的相关理论 …… 17

2.3.1 精益物流的目标 …… 17
2.3.2 精益物流的内涵与特征 …… 18
2.3.3 物流企业实施精益物流需要注意的问题 …… 21
2.3.4 精益物流系统的实现模型 …… 22
参考文献 …… 24

3 中小型第三方物流企业配送现状及问题分析 …… 25

3.1 中小型第三方物流企业配送环节存在的问题 …… 25
3.2 第三方物流企业组织机构现状 …… 26
3.3 第三方物流企业业务流程分析 …… 27
3.3.1 订单作业流程 …… 27
3.3.2 分拣作业流程 …… 31
3.3.3 配送作业流程 …… 31
3.4 第三方物流系统需求分析 …… 32
3.4.1 分拣作业需求分析 …… 33
3.4.2 客户信息需求分析 …… 33
3.4.3 订单信息需求分析 …… 34
3.4.4 自动分拣功能需求分析 …… 35
3.4.5 配送作业需求分析 …… 36
参考文献 …… 36

4 基于精益思想的中小型第三方物流企业的研究 …… 37

4.1 基于精益思想的改善工具——价值流图 …… 37
4.1.1 价值流图法 …… 37
4.1.2 价值流图分析步骤 …… 38
4.2 基于精益思想的中小型快递企业配送环节的研究 …… 38
4.2.1 建立基准线 …… 39
4.2.2 分析价值流并绘制当前状态图 …… 40

4.2.3　判别和确定非增值及浪费活动 ………………………… 42
4.2.4　设计新的精益流程 ………………………………………… 45
4.3　在第三方物流企业中实施精益客户管理 …………………… 45
4.3.1　精益化的客户对象定义 …………………………………… 46
4.3.2　精益化的客户管理实施策略 ……………………………… 46
参考文献……………………………………………………………… 47

5　第三方物流系统总体设计 ……………………………………… 48

5.1　总体设计原则 ………………………………………………… 48
5.2　总体设计目标 ………………………………………………… 49
5.3　系统功能模块设计 …………………………………………… 50
5.3.1　基本信息功能模块需求分析 ……………………………… 50
5.3.2　系统管理功能模块需求分析 ……………………………… 51
5.3.3　订单管理功能模块需求分析 ……………………………… 52
5.3.4　客户管理功能模块需求分析 ……………………………… 53
5.3.5　仓储管理功能模块需求分析 ……………………………… 54
5.3.6　配送管理功能模块需求分析 ……………………………… 55
5.3.7　财务管理功能模块需求分析 ……………………………… 55
5.4　自动识别技术在“地址信息”中的应用 ……………………… 56
5.4.1　自动识别技术概述 ………………………………………… 56
5.4.2　自动识别技术的类型 ……………………………………… 60
5.4.3　条码的选择 ………………………………………………… 61
5.4.4　地址编码设计 ……………………………………………… 62
5.5　系统概要设计 ………………………………………………… 63
5.5.1　基本信息管理功能模块 …………………………………… 63
5.5.2　订单管理功能模块 ………………………………………… 68
5.5.3　客户管理功能模块 ………………………………………… 71
5.5.4　仓储管理功能模块 ………………………………………… 73

5.5.5　配送管理功能模块 …… 76
参考文献 …… 77

6　第三方物流子系统详细设计 …… 79

6.1　客户管理模块详细设计 …… 79
6.1.1　涉及操作流程 …… 79
6.1.2　解决方案 …… 79
6.1.3　用户界面 …… 80
6.2　订单管理模块详细设计 …… 93
6.2.1　涉及操作流程 …… 93
6.2.2　解决方案 …… 93
6.2.3　用户界面 …… 93

7　结论及展望 …… 106

7.1　研究结论 …… 106
7.2　研究的不足 …… 107
7.3　展望 …… 107

附　表 …… 109

致　谢 …… 110

1 绪论

1.1 课题背景

在经济全球化、信息网络化、生产国际化的当今社会，信息技术已渗透到人类生活及社会活动的各个领域，信息在人们的生活中扮演着越来越重要的角色。在信息化社会的今天，人们要求对各个领域的信息进行快速、正确、有效、适时的管理。随着网上购物的日益繁荣，我国的快递业飞速发展。产业规模已经很大，产业内的竞争十分激烈，工作效率、信息技术和规范管理有待改善。

2012 年，中国网络零售市场交易规模达 13205 亿元，同比增长 64.7%。同年，阿里巴巴集团旗下淘宝和天猫平台网络零售交易额突破 1 万亿元，日包裹量 1200 万单，单日峰值超过 7200 万单。2013 年 11 月 11 日，仅仅 37 分钟交易额就突破 10 亿元，“双十一”大促销再次刷新了中国电商交易的纪录，全天成交额达到 191 亿元。疯狂抢购之后，快递行业也将面临重大考验。按此增长速度，在可预见的几年内网络零售交易额将触及 10 万亿节点。目前，中国物流行业占整个 GDP 的 18%，而发达国家只占 GDP 的 12%。物流行业的成本下降，促进了整个国家经济效益的提高。

电子商务的最后环节，要依靠物流配送来完成，但是我国第三方物流（Third-Party Logistics，3PL）发展滞后，管理不完善。在电子商务环境实际运行过程中还存在有很多的问题：（1）日益增加的人力和其他成本，造成物流费用比较高；（2）各个物流公司各自独立配送，服务水平参差不齐。所以，第三方物流企业信息化及标准化建设是目前中小物流企业亟待解决的问题。

1.2 物流管理信息化现状

1.2.1 第三方物流管理信息系统的开发现状

目前，国内最大的IT信息服务集团之一——中国电子信息产业发展研究院和计世资讯两大机构对物流管理软件市场的调查报告显示，由于物流管理软件是近年来新崛起的一个热点，其市场规模有望在未来几年内超过ERP而成为主流的管理系统。第三方物流管理信息系统（Management Information System，简称MIS）开发呈现出品牌多、厂商杂的特点。

据不完全统计，目前国内能够提供物流管理软件服务的厂商不下500家。其中，有能力提供物流管理软件产品的企业近100家，均能提供相关的第三方物流管理软件。从第三方物流管理信息系统提供商的背景来看，主要有四种类型：

（1）从事企业资源计划系统（Enterprise Resource Planning，简称ERP）等传统企业管理软件的提供商，如博科、东软金算盘等。这类厂商对企业内部物流相对了解，在库存、物料管理方面具有优势。另外，由于它们本身有ERP等企业管理软件。因此，它们所开发的第三方物流管理信息系统比较容易与另一方的企业管理系统对接。

（2）专业从事物流软件开发的提供商，如招商迪辰、亚桥、亿康等。这类厂商往往更专注于第三方物流市场，并强调对资源的全程控制与监视。

（3）国外品牌，例如SAP、EXE、i2等。这类厂商物流软件的优点在于技术上成熟，功能上相对完善和丰富，缺点是对国内物流过程中复杂的关系不太了解，对国内物流的现状也不够清楚。

（4）最后还有一类厂商，即从用户转变而来，如中海物流。其最大特点是对第三方物流尤其是与它们自己类似的物流企业的需求特别了解。

上述现状表明，第三方物流 MIS 开发的集中度有待提高。同时，也意味着未来的物流管理软件市场和第三方物流管理信息系统的开发充满着机会，竞争将越来越激烈，一部分厂商必然会被淘汰。

1.2.2　第三方物流管理信息系统的应用现状

目前，我国物流管理软件整体还存在产品功能单一、技术落后等问题。物流管理信息系统正日益成为第三方物流企业发展的“瓶颈”，物流信息资源整合能力成为需求企业考查物流软件厂商的主要因素。从应用第三方物流管理信息系统的角度来看，呈现以下趋势：

（1）自主开发的比例很大。在我国的第三方物流企业中，使用自己开发的第三方物流管理信息系统占了很大份额，达到 28.3%，并在不断地增长之中。自主开发在大型第三方物流企业中比较明显。大型第三方物流企业在自主开发的基础上也积极地与优秀第三方物流管理软件供应商合作，共同对其管理信息系统进行规划，收效明显。

（2）第三方物流企业缺少对其 MIS 的合理规划。根据调查，尽管第三方物流企业应用第三方物流 MIS 的比例已达到 75%，但这些所谓的管理信息系统软件相对简单，大部分只是整个物流环节的一小部分，例如车辆管理软件、库存管理软件、票据管理软件等，很少有企业实现了整个物流过程的信息管理。从这个意义上说，还没有形成一个真正意义上的第三方物流 MIS。调查表明，第三方物流企业中，55% 的公司表示系统可以支持大型跨地域的第三方物流服务，90% 拥有自己的外部网站。然而，仅有 14.3% 的用户对自己的信息化建设进行了规划，很多第三方物流企业在建设 MIS 时有一定的盲目性。从选择第三方物流管理信息系统的供应商就可以看出，很多企业实际上对自己的需求并不了解，像远望、亿康、招商迪辰等专业第三方物流管理软件提供商的认知率远远不如用友、金蝶等传统软件提供商。在此基础上，就更加缺乏对能够适应其业务流程的第三方物流 MIS 的选择。

（3）已选用的第三方物流管理信息系统仍然有很大不足，不能符合现有第三方物流业务发展要求。调查显示，我国物流企业信息处理水平只相当于世界平均水平的 2.1%，不仅信息处理能力缺乏，信息管理手段落后，而且对信息管理系统的建设严重滞后，应用水平不高。虽然，第三方物流管理信息系统与物流业务中所需的 EDI 技术、条码技术、GIS/GPS、网络数据应留有接口，但是很多第三方物流管理信息系统仍然是“信息孤岛”。第三方物流企业虽然有 90% 拥有自己的网站，但能提供服务的较少，70% 仅限于介绍企业的状况、业务范围等，只有 25% 能提供订单、运费支付、在途货物查询等服务。第三方物流管理信息系统中的 EDI 应用明显不足，只有 28% 的公司实施了 EDI 系统，其中 11% 的公司的 EDI 系统覆盖了主要业务数据。

1.2.3　第三方物流 MIS 开发与应用中存在的问题

由于我国目前可提供的第三方物流管理信息系统的品牌与数目众多，软件供应商自身的发展仍然不成熟，再加上我国第三方物流市场正处在初步形成与发展阶段，系统开发与应用中存在许多的问题，主要表现在：

（1）现有开发的 MIS 中，没有很好地考虑客户需求，在结构上开放性和扩张性考虑不足，功能上在物流成本核算方面还存在不足。我国物流软件开发中很大程度参考了国外成熟的先进软件，第三方物流 MIS 在实现功能上是比较全面的，但是缺乏对我国第三方物流企业自身管理业务水平和经营战略的考虑，采用该系统的第三方物流企业经营业务一旦有了新变化，其 MIS 就不能适应。这也与目前我国物流软件供应商的规模小、数量多，注重短期收益有很大关系。另一方面，现有的第三方物流管理系统中，相关成本计算部分还仅仅局限于运输费用、库存费用等单个业务的核算，缺乏对物流过程全程成本的核算。

这是由于我国物流市场正处于发展初期，很多企业还不够规范，自身的管理仍有很多问题。同时，理论研究在这方面还存在很大不足，导致 MIS 中能够实现精确成本核算非常困难。

（2）第三方物流企业缺乏对其自身经营战略的定位，表现在对第三方物流管理信息系统的选择上则是缺乏对系统的规划，MIS 的建立缺乏适用性。这不仅影响了对物流运作全过程信息的有效收集，而且也影响了系统必要的决策支持功能的实现。对企业来说，第三方物流 MIS 开发不仅是物流软件开发商针对本企业信息管理的技术实现，而且是在设计 MIS 之前制定发展战略，找出适合其发展业务的模式和参与第三方物流 MIS 规划的过程。但是，目前不少企业所建立的第三方物流管理信息系统，要么是过于理想化，要么是现有第三方物流运作管理流程桌面化，导致了第三方物流 MIS 运行后企业感到其灵活性和适用性不足。

（3）在现有第三方物流管理信息系统中，相关业务信息的格式化与标准化工作执行情况差，对其物流数据系统的构建还不完善。目前，还没有建设一个综合数据环境来实现数据的对接与交互，导致物流相关信息在运作部门间彼此隔离，内部信息与外部信息不兼容，不能实现数据的及时交换和传递。由于第三方物流企业往往会为多个供应商和客户服务，如果它们的数据格式、单据形式不一样，就意味着第三方物流企业要同时满足自身以及不同客户的数据格式和单据形式的要求，这无疑增加了不同软件数据之间的转换负担。如果不能很好地解决数据交换的问题，物流企业的相关工作人员将不得不进行大量的信息重复录入，这必然会大大降低工作效率。

我国第三方物流正处于发展阶段。一方面，我国大型物流企业已经拥有了自己的第三方物流管理信息系统，如中海、中远集团、宝供集团等；另一方面，还有更多的第三方物流企业尚未形成成熟有效的物流管理信息系统。许多物流企业搞过相应的信息系统开发，但取得成效的并不多。究其原因，在于进行第三方物流 MIS 开发时，软件开发商对第三方物流企业的业务模式没有深入了解，同时第三方物流企业在对其 MIS 规划时存在盲目性。要想建立合理而有效的第三方管理信息系统，应当在突出信息共享、数据交换基础上，强调供应链基础上的资源整合，开发出符合第三方物流企业现状与适应未来业务需求的管理信息系统。

1.3 研究的目的及意义

国内最大的物流供应链管理软件供应商博科资讯总裁沈国康表示，各中小型第三方物流企业服务对象的多样化，使得其对作业系统信息化的需求呈现灵活化、个性化的状态。由此而带来的结果是，多数物流软件根本无法针对不同的物流业务提供个性化程序，二次开发成本过高，加之中小成长型物流企业处于不断地变化发展中，一旦业务模式发生变更，后续的再次开发变更成本更高。

本书旨在通过对中小型第三方物流企业业务活动进行全面的调研，将其对应的管理信息系统的进行分析、设计并且标准化，具体从以下几个方面展开研究：

（1）由于目前中小型物流企业在各配送网点大多数采用人工进行分拣作业，这就不可避免地会有“暴力分拣”的情况发生，将来随着物流行业信息化的逐步发展，自动分拣是中小型物流企业发展的趋势。所以，与之配套的 MIS 软件在开发和设计过程中，就要考虑到可扩展性。在设计过程中，基于出发地及目的地信息的数据化作为研究的核心内容。

（2）在设计 MIS 过程中，全面调研中小型物流企业采购、运输、储存、保管、分发、服务等物流全过程，进行信息的采集、交换、传输和处理等业务流程进行分析，并将对应的业务流程标准化，在进行开发之前就形成统一的、标准化的工作规范，从而为后续的 MIS 研发和设计提供规范化基础。

（3）将研发过程中的调研需求、概要设计、详细设计形成统一的、通用的设计文档，为同类型的中小型企业作为开发和应用提供参考和依据。

(4) 由于中小型物流企业对于信息化建设投入相对较少，同时考虑到和系统的兼容性，所以采用 Access 数据库进行设计，也可以方便中小型物流企业将目前现有的数据进行导入和导出。

要将满足客户需求作为物流信息平台和物流信息系统建设的出发点，围绕客户服务水平来改造物流管理模式和运作模式。此外，物流行业的信息化与物流企业的信息化是相辅相成的，物流是一个网络，是资源的整合，一个物流企业的信息化程度再高，而相关的运输、包装、仓储、分拣等与其合作的企业没有实现信息化，彼此的效率就会大打折扣，中小物流企业的信息化也就举步维艰。

所以，中小型物流企业进行信息化建设，不仅对物流业务活动进行整合，还对物流信息资源、物流设施和服务资源进行整合，从而降低成本。从实现供应链管理的角度考虑，第三方物流企业应该将现代 IT 技术与计算机数据处理技术连接，形成网络化的第三方物流管理信息系统，加强对整个供应链的物流企业节点之间的信息交流，达到第三方物流企业上、下游节点之间的供应链上的信息完全共享，从而有效地实现对其物流业务的一体化协作。

1.4 研究思路及研究方案

通过收集与阅读大量相关理论书籍、实践方案和客户合理化建议文档，将精益物流理论应用于中小型第三方物流企业（本书仅指中小型快递行业），针对第三方物流企业管理信息系统进行流程分析、系统概要设计和详细设计。主要工作如下：

(1) 调研第三方物流企业信息化现状。分析我国第三方物流企业信息化的开发和应用现状，分析信息管理在第三方物流中的作用，为进一步研究提供铺垫。

（2）学习第三方物流的理论及精益思想的实施理论与技术基础。包括精益物流实施的管理基础、技术基础、战略基础以及具体的实施方法，为下一步对第三方物流管理信息系统分析和设计提供基础。

（3）分析我国第三方物流系统配送环节的现状、存在问题。从系统开发和应用的角度分析中小型第三方物流企业的组织机构，分析其业务流程，为下一步对第三方物流管理信息系统规划和分析提供铺垫。

（4）经精益物流思想应用于中小型快递企业，并用价值流图进行研究、分析并绘制目前价值流图，深入分析其中的非增值过程和浪费，并提出未来价值流。

（5）第三方物流系统总体设计。在系统规划与分析的基础上，对中小型快递企业管理信息系统按功能模块分析，以及各个子系统的模块结构分析。对其数据流程进行分析和数据库设计。

（6）以客户管理和订单管理两个功能模块为例，从系统的操作流程、解决方案及各个窗口的界面进行系统的详细设计，为后续的系统实现提供了具体的设计方案。

本章小结

本章阐述了本课题的研究背景，分析了第三方物流管理信息系统的现状，并简述了研究的目的和研究意义，同时介绍了本书的研究方法与思路。

参考文献

[1] 郑目湖，张欣. C2C 电子商务的物流配送研究[J]. 中国商贸，2011(11).

[2] 中国电子商务研究中心：http：//www.100ec.cn/detail-6103059.html.

[3] 赵美林，余肖生. 第三方物流在电子商务环境下的发展探讨[J]. 科技信息，2010(29).

[4] 葛慧敏，陈龙. 基于按需物流机制的供应链信息共享模式研究[J]. 中国流通经济，2010，24(8).

[5] Ge Huimin, Chen Long. Research on The Function of On-demand Logistics Mechanism in the Optimization of Logistics Syetem [A] Proceedings of 2010 International Conference on Logistics System and Intelligent Management (I) [C]. 哈尔滨：哈尔滨工业大学出版社，2010.

[6] 胡健，印玺. 我国第三方物流管理信息系统开发现状、问题与解决对策[J]. 中国流通经济，2005(8).

[7] 陈建鑫. 企业物流管理信息化存在的问题及对策探析[J]. 电子商务，2013(10).

2 相关理论综述

2.1 第三方物流配送

物流源于英文 Physical Distribution 一词，最早出现在美国。1956年，物流概念被引入日本，而我国的“物流”一词是从日本引进的，并从 1979 年开始使用“物流”这一术语。

2.1.1 物流及第三方物流概述

1986 年，美国物流管理协会将 Physical Distribution 改称为来源于美国军方的 Logistics，并将 Logistics 定义为“以适合于顾客的要求为目的，对原材料在制品、制成品与其关联的信息，从产业地点到消费地点之间的流通与保管，为求有效率且最大的‘对费用的相对效果’而进行计划、执行、控制”。关于物流的定义比较多，并且随社会的发展而不断演变。我国于 2001 年 8 月 1 日首次颁布并实施了《物流术语》（GB/T 18354—2001）国家标准，并将物流定义为：物品从供应地向接收地的实体流动中，根据实际需要，将运输、储存、装卸、搬运、包装、流通加工、配送、信息处理等基本功能有机结合起来实现用户要求的过程。可以看出，物流是一个系统，是各种物流构成要素的集成。

经过长期的发展，根据承担物流活动的主体划分，可以划分为第一方、第二方、第三方和第四方物流。第一方物流是指承担物流活动的主体是发货人本身一方，第二方物流是指承担物流活动的主体是收货人一方，那么相对于第一方发货人物流和第二方收货人物流以外的物流活动，被称为第三方物流。

第三方物流是现代物流的显著标志，是西方发达国家自20世纪80年代以来，为增强企业核心竞争力，推动企业供应链的整体发展而逐步产生和发展起来的现代物流管理新概念与新思想。

2.1.2 第三方物流配送概念

第三方物流配送是指在经济合理的区域范围内，根据用户的要求，物流公司对物品进行拣选、加工、包装、分割、组配等作业，并按时送达指定地点的物流活动。配送一般包括备货、储存、分拣、配货、包装、加工、配送、运输等基本功能要素。

2.1.3 第三方物流配送模式

根据配送活动的不同，可以将物流配送分为以下几种模式：

（1）直接配送模式。

这是一种不设配送中心的模式，直接把客户需要的物资从企业配送到指定地点。由于企业的客户有近有远，这样可能使客户的库存增加；此外，由于不设配送中心，不利于运输工具与装载物资的科学调度，难以实现共同配送。因此，直接配送的模式并不是严格意义上的配送概念。只有当某些物资对运输的速率要求较高时，不宜存在中间环节（如鲜活物资），才采用这种模式。

（2）存储配送模式。

存储配送是指在配送中心存储货物，然后根据客户需要对存储物资进行配送。这种配送模式在物流配送中是最典型的。该模式的重点是通过合理计算和预测客户的订货量来确定系统的合理库存，优化配送线路和通过配货来提高运输工具的利用率。设置配送中心以后，库存集中，有利于组织共同配送，规模效益得到体现。同时，还可以缩短客户到供应点的距离，降低库存，甚至可以达到零库存。

（3）直通配送模式。

直通配送模式的配送中心不具有专门的存储功能，只是一个转运站。物资从企业生产部门到达配送中心以后，迅速分拣、转移到客户或零售点上，物资在配送中心停留时间一般不超过12小时。这种方式是库存比较分散，但是如果有先进的信息系统和快速反应的运输系统作为保证，就能够保证各系统的库存量，起到快速补货的作用，加快物资流转。

（4）流通加工型配送模式。

为了促进销售、方便客户，或者是为了提高物流效率，在配送中心对物资进行生产辅助性加工后再进行的配送模式。流通加工要求配送中心的加工生产条件，可以提高物流效益，增加配送的附加值。

2.1.4 第三方物流配送趋势

随着人类社会迈入网络经济的时代，随着国际间经济合作、交往的日益频繁，全球经济一体化的趋势越来越明显。第三方物流配送呈以下趋势：

（1）服务内容综合化。

第三方物流企业物流配送是一项系统工程，主要可分为物流作业服务和物流系统设计及管理服务。物流作业服务包括最基本的运输、仓储等单一环节服务；物流系统设计及管理服务主要是为用户提供物流整体方案设计、物流控制和供应链管理，主要职能是总体成本控制和对控制链实施动态管理综合服务。也可分为单一的系统设计和管理，不从事具体的作业服务，以及集作业与系统设计管理于一身的大集成服务。

（2）物流配送的信息化。

物流配送信息化表现为物流信息的商品化，物流信息收集的数据库化和代码化，物流信息处理的电子化和计算机化，物流信息传递的标准化和实时化，物流信息存储的数字化等。物流配送的信息化是整个社会信息化的必然要求，没有物流配送的信息化，任何先进的技术装备都不可能用于物流配送领域，信息技术在物流配送中的广泛应用将会彻底改变世界物流配送的面貌。因此，条码技术、数据库技术、电子订货系统、电子数据交换、企业资源计划等技术都将会得到普遍的应用。

（3）物流配送的国际化。

随着工业在世界范围的发展和世界贸易的不断扩大，使得从世界各地获得商品的现象、十分普遍。跨国生产与日俱增，环球市场已逐渐形成。现代企业成功地适应全球市场环境的关键在于能否以合理的、有竞争优势的成本，使自己的产品和服务进入跨越国界的流通。

（4）物流配送的网络化。

物流配送网络化的基础是信息化。这里指的网络化趋势有两层含义：一是物流配送系统的计算机通信网络，包括外部网和内部网，外部网（基于 Internet 的电子商务网络平台）主要用于配送中心与上游供应商或制造商的联系，以及与下游顾客之间的联系；内部网（Intranet）主要用于企业内部各部门间的信息传输。二是配送网点的网络化。企业根据自身的营销范围和目标，建立物流配送网络，提高物流系统的服务质量和配送速度。物流配送的网络化是物流信息化的必然趋势，当今世界因特网等全球网络资源的可用性及网络技术的普及性为物流配送网络化提供了良好的外部环境。

（5）物流配送自动化。

自动化的核心是机电一体化，自动化的外在表现是无人化，自动化的效果是省力化。自动化可以提高劳动生产率，减少物流作业的差错；还可以方便物流信息的实时采集与追踪，提高整个物流系统的管理和监控水平等。物流自动化的设施包括条码自动识别系统、自动导向车系统（AGVS）、货物自动跟踪系统（如 GPS）等。

（6）物流配送柔性化。

20 世纪 90 年代以来，国际生产领域纷纷推出弹性制造系统、计算机集成制造系统、制造资源系统、企业资源计划以及供应链管理的概念和技术。这些概念和技术的实质是要将生产、流通进行集成，根据需求端的需求组织生产，安排物流活动。因此，柔性化的物流配送正是适应生产、流通与消费的需求而发展起来的一种新型物流模式。这就要求物流配送中心要根据消费需求“多品种、小批量、短周期”的特色，灵活组织和实施物流作业。

2.2 精益物流的理论基础

精益生产最早起源于日本丰田汽车公司以“低成本、零缺陷、高质量和人性化生产”为特色的丰田生产系统（Toyota Production System，TPS），它是与大量生产相对的一种生产方式。

2.2.1 精益生产方式的产生与发展

第二次世界大战以后，汽车工业中的主要生产模式是以美国福特为代表的大批量生产方式。与之相比，日本的汽车工业处于相对落后的阶段。因此，日本派出了大量人员到美国进行考察。丰田汽车公司在参观美国的几大汽车厂后发现，采用大批量生产方式仍然无法最大程度上降低生产成本，而且日本国内技术落后、资金不足，这种生产方式并不适用。在这种背景下，丰田创造了世界闻名的多品种、小批量、高质量和低消耗的精益生产理论。相比较之下，精益生产则是将手工生产和大规模生产的优点结合在一起。同时，避免了前者的高成本和后者的单一化。为此，精益生产在组织的各个层次使用了擅长多种技能的熟练工人组成的小组，使用灵活、日益自动化的机器大量生产数量众多的产品。精益生产与大规模生产最显著的差别就是它们的最终目标。大规模生产为自己设定了有限的目标——“足够好”，即可接受的缺陷数量、库存的最大可接受水平，范围较窄的标准化产品。相反，精益生产者将他们的目标直接放在尽善尽美上面：持续降低成本、零缺陷、零库存和众多产品种类。

2.2.2 精益思想的产生

精益生产的指导思想是通过生产过程整体优化，改进技术，理顺各种流，杜绝超量生产，消除无效劳动与浪费，充分、有效地利用各种资源，降低成本，改善质量，达到用最少的投入实现最大产出的目的。1990 年，美国人沃麦克和琼斯合著的《改变世界的机器》（《The Maehine That Changed the World》）一书中，总结了丰田汽车公司的生产方式，认为这是制造业的又一次革命，并命名这种新的生产方式为“精益生产”。1996 年，沃麦克和琼斯再度联手合著的《精益思想》（《Lean Thinking》）一书问世，该书对丰田具体的生产实践和观点进行升华，并首次给出了“精益思想”的提法。

2.2.3 精益思想的内容

精益思想的创始人大野耐一认为，“减少一成的浪费相当于增加一倍的销售额”。从顾客端开始，由此往回推，把任何不能为顾客创造价值的活动定义为浪费，并以消除浪费为主要手段使成本、质量与交付能力达到最优化。精益不仅是技术的革新或流程的改进过程，更重要的是观念与行为的转变，是对传统思维模式的挑战。

精益思想中的浪费是指超过增加产品价值所必需的绝对最少的物料、机器和人力资源、场地和实践等各种资源的部分。从最终用户的角度看，增加了成本但不能增加产品或服务的价值的一切事物。这里包含两层含义：（1）一切不增加价值的活动都是浪费；（2）尽管是增加价值的活动，但是所用的资源超过了“绝对最少”的界限，也是浪费。丰田公司总结出生产现场通常存在的七大浪费如表 2-1 所示。

表 2-1 七大浪费类型

序号	浪费类型	主 要 内 容
1	制造过剩	制造过早、过多而产生库存——最大的浪费
2	库　存	原材料库存、产成品库存、生产过程中的在制品

续表 2-1

序号	浪费类型	主 要 内 容
3	搬 运	耗费时间、人力，占用搬运设备与工具，可能碰坏物料
4	加 工	超过需要的工作：多余的流程或加工、精度过高的作业
5	动 作	不创造价值的动作、不合理的操作、效率不高的姿势和动作
6	等 待	人员的等待、设备的等待
7	不良品	返工产生设备与人员的损失、废品的损失等

精益思想提供了区别于手工单件和大批量生产的思维方法，让人们从另一种生产方式中创造新的价值，提高产品或服务的效益，克服时间和资源的浪费。

图 2-1 为精益思想的技术支撑体系，反映了实现精益生产的各种

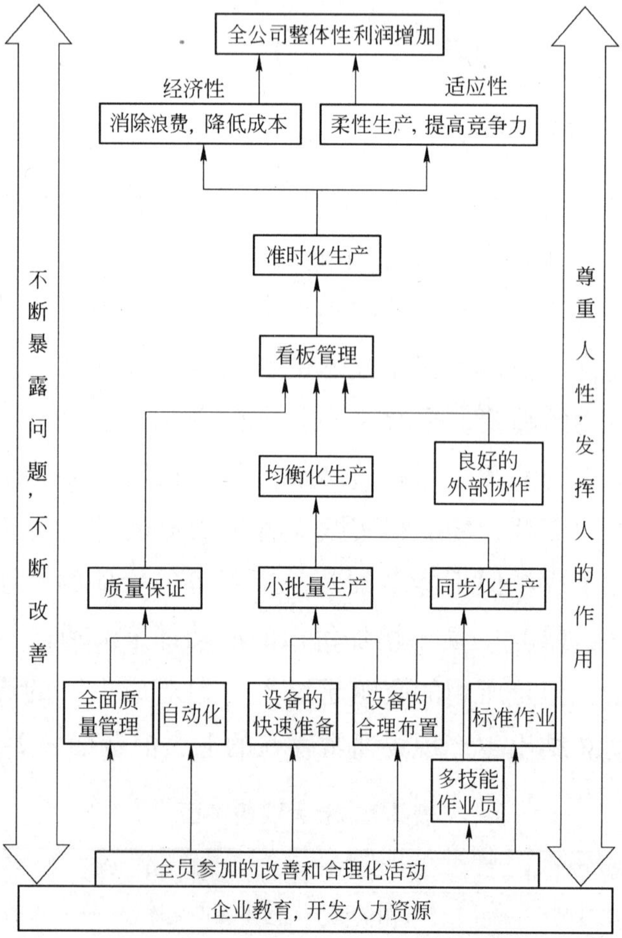

图 2-1 精益思想技术支撑体系示意图

方法，以及他们之间的相互关系。

精益思想的内容包括：精确定义特定产品（或服务）的价值；准确判定每种产品（或服务）的价值流；促使价值不间断地流动；由顾客来拉动生产者（或服务商）的价值；实现永不停止地追求尽善尽美。

2.3 精益物流的相关理论

精益思想的理论诞生之后，物流管理学家 Brian Fynes Sean Ennis、Martin Christopher 和 Daniel T. Jones 等人从物流管理的角度对此进行了大量的借鉴工作，并与供应链管理的思想密切融合起来，提出了精益物流的概念。

2.3.1 精益物流的目标

精益物流是精益思想在物流管理上的应用。从精益物流的角度来说，每一个企业所要做的是：将原材料、零部件和产成品以时间为准在供应链内流动，在供应链中不断增加其价值（价值的增加要求大于成本的增加）。

精益物流的目标可以概括为：在提供令客户满意的产品和服务的同时，把企业的各种浪费减少到尽可能低的程度。精益物流致力于物流活动中运输、仓储、装卸、搬运、包装、流通加工、配送、信息处理等各个环节的改善，在令客户满意的前提下消除其中的浪费。这里所指的“浪费”一般包括以下几种：

（1）无需求造成的积压和多余的库存；

（2）因供应链上游不能按时交货或提供服务而等候；

（3）提供不满意的客户服务；

（4）提供不需要的客户服务；

（5）无利润或低利润的业务；

（6）不必要的材料移动；

（7）操作者的移动；

（8）不必要的流通加工程序；

（9）产品的缺陷。

此外，还包括人力资源的浪费、能源和设备的浪费等。其中，主要的浪费是（1）、（2）两种。

2.3.2 精益物流的内涵与特征

有效实施精益物流必须正确认识精益物流的内涵：

（1）精益物流的前提——正确认识价值流。价值流是产生价值的所有活动过程，这些活动主要体现在三项关键的流向上：从概念设想、产品设计、工艺设计到投产的产品流；从顾客订单到制定详细进度直至送货的全过程信息流；从原材料直到送到客户手中最终产品的物流。因此，认识价值流就必须超出企业界限，去查看创造和生产一个特定产品所必须的全部活动。

（2）精益物流的保证——价值流顺畅流动。消除浪费的关键是让完成某一项工作所需步骤以最优的方式联接起来，形成无中断、无绕流和无等候的连续流动，使价值流顺畅流动起来。具体实施时，首先要明确流动过程的目标，使价值流的流向明确；其次，把供应链上沿价值流的所有参与企业集成起来，摒弃传统的追求各自利润极大化而相互对立的观点，以最终客户的需求为共同目标，共同探讨最优策略，消除一切不产生价值的行为。

（3）精益物流的关键——以顾客需求作为价值流动力。在精益物流模式中，价值流的流动要靠下游顾客的拉动，而不是靠上游企业去推动，当顾客没有发出需求指令时，上游的任何部分都不生产产品或提供服务。而当顾客的需求指令发出后，则快速生产产品或提供服务。当然，这不是绝对的现象。在实际操作中，要区分是哪一种类型的产品，如是需求稳定、可预测性较强的大众型产品，可以根据预测进行生产；而需求波动较大、可预测性不强的创新型产品，则要采用快速响应、延迟制造等技术，缩短反应时间，提高顾客服务水平。

（4）精益物流的生命——持续改善。精益物流是动态管理，对物流活动的改进和完善是不断循环的，每改进一次，则消除一批浪费，形成新的价值流。同时，又发现新的浪费，因而需要不断改进。这种改进使物流活动实现准时化且总成本不断降低，实现这种不断改进需要全体人员各司其职、共同努力。

精益物流的主要特征如下：

（1）由顾客的需求来拉动。

在精益物流系统中，顾客需求是企业价值流的源头，是驱动企业生产的源动力。IT 界巨擘戴尔公司的成功即源于对精益物流系统的有效构建。戴尔公司在接到顾客的订单后才开始启动物流系统，由顾客的需求来驱动企业的生产。即价值流的流动要靠下游顾客的需求来拉动，当顾客没有发出需求指令时，上游的任何部分都不提供服务。而当顾客发出需求指令后，则快速提供服务。通过消除零售商这个中间人，直接从顾客手上接到订单，戴尔公司成为市场领导者，结果戴尔公司的现金周转时间是负 37 天，而其竞争对手们的周转时间一般为 30 ~60 天。

（2）准时且准确。

准时是物流系统达到内部顺畅、节奏适度的关键因素，物流过程的各个环节必须要按计划完成；准确是保证物流精益化的重要条件，包括准确的库存、准确的客户需求预测、准确的送货数量、准确的信息传递等。这一点对供应商的合理布局提出了较高要求。日本丰田汽车公司的供应商一般都位于公司所在的爱知县内，距离一般小于 25 千米，这种方式是可行的。但在我国，制造企业和供应商往往相距很远，这就需要根据实际情况设置中间库。神龙汽车公司实施国产件 200 千米布点原则，供应商超过 200 千米供货时，即被要求在神龙公司附近设置中间库，以满足及时供货。外协件运到工厂后，按到货先后和紧急程度进厂，卸货至厂内的卸货站台。神龙公司对 4 家供应商的 27 个供货品种实施精益物流管理后效果显著：平均库存水平同比下降 85%，减少仓储面积 60%，减少容器占用 70%。

（3）高质量与低成本兼备。

在精益物流系统中，企业通过合理配置基本资源，进行快速反应、准时化生产，大大降低了采购费用，并消除了诸如设备空耗、人员冗余、操作延迟等资源浪费现象，从而把精力集中在质量控制上，保证了物流服务的高质量。同时，通常情况下制造业采购成本占企业生产成本的比例都较大，如家用电器为 48.5%、服装为 59%、电子仪器为 55%、机械制造为 65% 等。因此，降低采购成本就能够显著降低企业的生产成本。

（4）强调协调。

物流系统是一个由各种职能或各个生产流程组成的有机整体。显然，倘若整体的各个部分不能保持协调一致，物流系统的顺畅运行将面临极大的困难。精益物流体系中的协调包含了两层含义：一是生产流程内部的协调，它强调各工作班组间能相互交流信息，能较好地发挥员工在基层车间发现、解决和防止各种问题的意愿和能力；二是外部协调，它强调制造商与供应商和客户之间要尽可能的联系，相互信任，实现最大程度的信息共享和计划协调。

（5）信息联网。

高质量的物流服务有赖于信息的电子化、网络化。物流服务是一个复杂的系统项目，涉及大量的信息，而精益物流能否实现，在很大程度上取决于信息能否联网共享。

（6）系统集成。

精益物流系统是由提供物流服务的基本资源、电子化信息和使物流系统实现“精益”效益的决策所组成的集成化系统。因此，企业可以合理运用资源，以迅速提供满足客户要求的高效服务。

（7）持续改善。

精益物流是一种动态管理理论，对物流活动的改进和完善是一个不断循环的过程：改进—消除浪费—形成新的价值流—持续改进—消除新的浪费。这种良性循环使物流总成本不断降低，提前期不断缩短，浪费不断减少，从而保证整个系统持续改进，不断完善。改善是精益物流的基础与条件，所以实施精益物流就必须从改善入手。

2.3.3 物流企业实施精益物流需要注意的问题

精益物流的实现需要一个持续且循序渐进的过程。在这个过程中，如何推进物流的持续改善来消除浪费和增加价值等都是摆在物流企业面前的非常重要的问题。这些问题解决不好，精益物流的实施就会仅仅局限于局部的改善而不会产生持续的效果。因此，在精益物流从不成熟到成熟的发展过程中，需要以改善为核心，从系统的角度逐步的对物流企业进行全面的改造，其中关键的是把握好以下几个方面：

（1）组织结构的精益化。

我国物流企业的组织结构多属于直线职能式结构，对于市场不能做出快速反应。目前，精益化已成为当今领先企业组织结构调整中的一个主流趋势。精益化的组织结构，可以节约大量的人、财、物，全面提高企业生产经营的效率和效益。组织结构精益化对于精益物流全面、深入的实施创造了组织上的保证，能够为精益物流的实施创造良好的环境。物流企业组织结构精益化可以通过将传统组织结构扁平化、柔性化改造来完成。

（2）作业环节的精益化。

精益物流是一种强调准时化、精确性的管理，它所强调的消除浪费、连续改善是传统物流企业继续生存和发展必须具备的根本思想。物流企业实施精益物流，需要通过规范化、信息化、合理化的作业环节不断谋求成本节约，提高物流作业效率，提升物流企业的管理水平，改变粗放式的物流管理模式。

（3）客户服务的精益化。

物流企业要在物流服务市场的激烈竞争中取得优势，就必须以客户为中心，充分发挥自身优势，在运输、仓储、配送等功能性服务基础上不断创新服务内容，为客户提供差异化、个性化的精益物流服务。

由于（1）组织结构的精益化需要重新对企业的职能部门、业务流程进行全面的、彻底的再造，这就对企业的日常运营及其管理造成极大影响。本书的侧重点在（2）、（3）两个方面，也就是在企业不进行组织机构调整的基础上，以客户的需求与高效服务为中心，将操作人员日常作业和业务流程进行改进，实现整个管理信息系统的数据共享，发挥计算机统计分析的数据处理功能，实现作业环节精益化和客户服务精益化。

2.3.4 精益物流系统的实现模型

在企业充分理解上述精益物流关键因素的基础上，将精益思想的理论应用于对物流活动的改进中，精益思想在物流系统中实现的一般模型如图 2-2 所示。

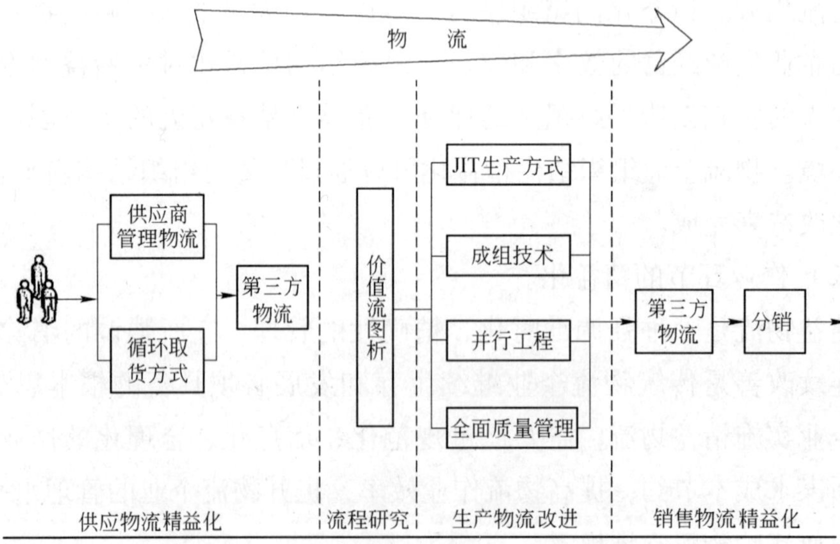

图 2-2 精益思想在物流系统中的实现模型

模型具有4个阶段：流程研究阶段，生产物流改进阶段，供应物流精益化阶段，和销售物流精益化阶段。这4个阶段的主要任务如下：

（1）流程研究阶段。

在这个阶段，价值流将被定义和确定下来，运用的方法主要有价值流图析法，通过对流程的分析不仅能帮助企业将注意力集中在流程精益化之上，还能逐步实现组织结构转化为面向特定产品的若干个团队。在这个阶段，浪费的来源也逐步被揭示。

（2）生产物流改进阶段。

实际上，这个阶段也就是企业内部应用各种生产管理的方法进行精益生产的阶段。包括了现场管理、生产流程的优化等方面，微观上对生产流程中的物流进行改善，这个阶段将为整个物流过程的更深层的精益化做好准备。

（3）供应物流和销售物流的精益化。

这个阶段也就是整个供应链环境下外部物流的精益化研究阶段。研究供应链环境下的精益物流管理，就是将精益生产中的核心思想——精益思想的精髓应用到整个供应链的物流管理中去，应用一些先进的物流管理技术，使得在整个链上的物流趋于最优，将从实际应用中取得成功的精益生产中抽象出来的精益思想映射到整个供应链的价值流上。

本章小结

本章概述了第三方物流、精益思想的基础理论和管理模式，然后分别论述了精益物流的相关理论和实现模型。在后续的章节中将以此为理论基础，基于精益思想理念的“以客户为中心”，尽可能的消除浪费并从不同的角度深入分析第三方物流配送的过程，并在此研究基础上对第三方物流管理信息系统进行系统总体设计和详细设计。

参考文献

[1] 杜文，任民．第三方物流[M]．北京：机械工业出版社，2004.
[2] 方光罗，梁金萍．现代物流学[M]．大连：东北财经大学出版社，2004.
[3] 朱燕娥．浅析我国电子商务下的物流配送[J]．科技资讯，2006，(26).
[4] 刘文刚．现代信息技术在物流配送中的运用[J]．商场现代化，2006，10.
[5] 齐二石，方庆琯．物流工程[M]．北京：机械工业出版社，2006.
[6] (美) 詹姆斯 P. 沃麦克，(英) 丹尼尔 T. 琼斯．精益思想（珍藏版）[M]．沈希瑾，张文杰，李京生，译．北京：机械工业出版社，2011.
[7] 刘树华，鲁健夏，王家尧．精益生产[M]．北京：机械工业出版社，2009，10.
[8] Brian Fynes, Sean Ennis. From lean production to lean logistics: the case of Microsoft Ireland [J]. European Management Journal, 1994, 12(3): 322 ~ 331.
[9] Martin Christopher. Logistics and competitive strategy [J]. Europea Management Journal, 1993, 11(2): 258 ~ 261.
[10] James P. Womack, Daniel T. Jones. Lean thinking [M]. New York: Simon and Schuster, 1996.
[11] 王言斌．制造企业供应物流运作模式的构建[D]．上海：东华大学，2005.
[12] 田宇，朱道立．精益物流[J]．物流技术，1999，(6).
[13] 齐二石．丰田生产方式及其在中国的应用分析[J]．工业工程与管理，1997，(4).
[14] 宣春霞，魏大鹏．大制造业呼唤精益物流[J]．经济师，2004，(5).
[15] Tim Laseter, Keith Oliver. 高效的供应链管理何处寻？[J]．财致无敌，2003(2)管理版．
[16] 王炬香，于晓光，于明进．汽车制造企业的精益物流规划和管理[J]．工业工程，2004，7(1).
[17] 曾祥锋，肖汉斌．供应链核心企业库存成本控制[J]．机电工程技术，2002，31(3).
[18] 田益峰，胡华安，郭黎明．中国邮政精益物流系统研究[J]．经济师，2003，(12).
[19] 王茂林．供应链环境下制造企业精益物流运作研究[D]．天津：天津大学，2007.
[20] 刘丹．物流企业的精益物流研究[D]．武汉：华中师范大学，2007.
[21] 师经昊．供应链环境下精益物流管理研究[D]．西安：西安电子科技大学，2008.

3 中小型第三方物流企业配送现状及问题分析

3.1 中小型第三方物流企业配送环节存在的问题

在调研过程中，中小型的物流企业一般存在以下问题：

（1）服务水平低。

这些企业的服务对象为一些小型企业和个体，所接的业务也多数为运输或仓储，少部分为企业内部的物流系统设计。这些企业的服务水平都比较低，特别是和国外的一些知名物流企业比较起来更是有很大的差距。调查发现，一些中小型物流企业员工对发货人不理不睬，态度怠慢；配送人员送货时闯红灯、拉私货甚至对收货人恶语相激，部分员工衣冠不整、不爱惜货物等，诸如此类的现象屡见不鲜。客户是企业生存的基础，以上现象归根结底还是因服务意识淡薄所致。而中小型物流企业普遍存在的“野蛮装卸”、“暴力分拣”造成的货物破损甚至丢失的问题，更是时有发生。

（2）信息化技术的应用程度不高。

目前，我国物流企业的物流信息化总体还处于起步阶段，绝大多数物流企业尚不具备运用现代信息技术处理物流信息的能力。在拥有信息系统的物流企业中，其业务功能也很不完善，远未达到利用信息系统整合企业内外各种信息资源和有效信息的使用能力。在中小物流企业中，还是靠传统落后的手工操作方式和半自动化相结合进行物流作业和物流管理，处理业务的主要手段多是电话加货运单据。有的企业买了电脑，开设了网站，自以为实现了物流信息化，结果花了不少的钱，但计算机只是用来处理一般简单事务的工具。另外，物流软件开发不成熟、系统功能不实用，运行不稳定，员工适应性差等也是影响物流信息化尚未普及的重要因素。

（3）时效性差。

对于一些快件，配送时间长。一般情况下，同城配送当天或隔天到，异地要看路程的远近，一般 2 ~20 天不等。在一些地区，快件要经过几次中转才能到客户手中。

（4）管理水平低。

在管理方面，中小型物流企业呈粗放状态。基础管理工作没有落实，加大了公司的运营成本。在我国，中小型式物流企业产权结构单一、企业所有权与经营权合一，降低了企业管理的运作效率；人力资源管理不规范，没有充分重视、吸引和留住人才，企业缺乏长远的战略眼光；文化传统、意识形态的制约。如不及时进行现代企业制度改革，转变经营理念，很难在激烈的市场竞争中生存、发展。

在详细调查中，需要了解物流公司内部各级组织机构，这样可以在系统分析过程中进一步明确调查对象和方向。同时，在调查中应详细了解各部门人员的业务分工情况和有关人员的姓名、工作职责、决策内容、存在问题和对新系统的要求等。

3.2 第三方物流企业组织机构现状

物流企业为了进行经营活动，实现企业目标，必须建立合理的企业组织机构。虽然各个企业的组织机构形式不同，但是其职能机构基本包括计划、财务统计、仓储、配送、业务、信息管理等。图 3-1 为某物流公司的组织机构图。

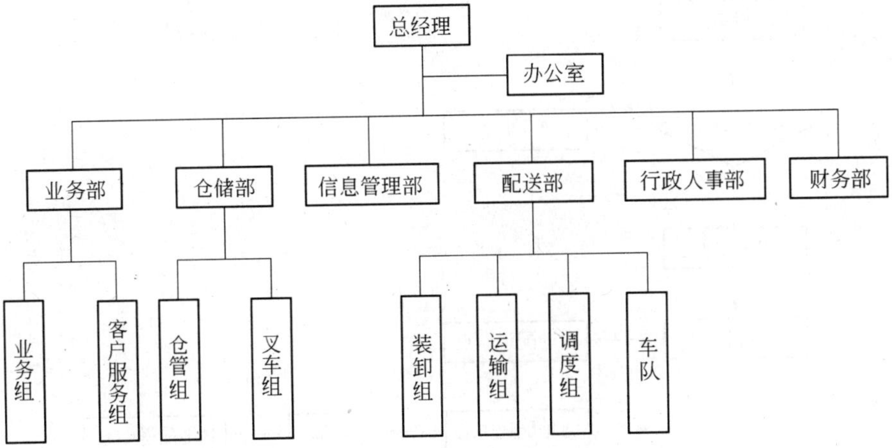

图 3-1 某第三方物流公司的组织机构图

3.3 第三方物流企业业务流程分析

本节从物流配送包含的作业环节的角度来对物流企业的配送业务流程进行分析。整个配送过程如图 3-2 所示。

一般情况下，物流配送业务流程主要包括以下几个方面：（1）订单处理作业环节；（2）分拣作业环节；（3）配送（派送）作业环节；（4）运输作业环节。由于运输环节在各个中小型运营配送环节不涉及，所以不作为本书研究重点。

3.3.1 订单作业流程

第三方物流企业在接到客户下达订单的通知（电话下单或网上下单）后，就要对订单进行处理，这是配送业务流程的第一个环节，也是面对客户的一个窗口。所以，要以客户为中心实现精益管理，订单处理是整个配送业务得以顺利进行的首要条件。

在实际的调研中，多数物流企业在订单处理过程中，主要包括以下几个作业环节：

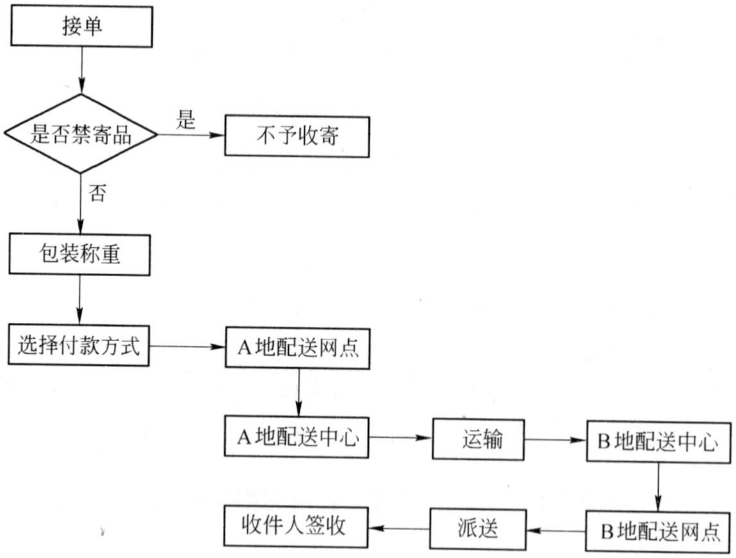

图3-2 物流配送全过程业务流程图

（1）电话接收订单环节。

电话下单客户一般情况是个人，发件数量比较少，下单时间不固定。此作业环节流程如图3-3所示。

将该流程拆分成具体活动包含如下：

1）客户致电服务电话，提出订单需求；

2）客服人员根据客户所在地址通知对应网点或网点收件人员；

3）收件员根据收到的客服信息，根据地址上门；

4）有些客户存有公司的快递单，如果没有收件员上门后提供快递单；

5）客户填写订单中的收件人、寄件人信息；

6）收件员检查物品，是否属于禁寄范围，若属于禁寄物品，则不予收寄；

7）符合收寄要求后，收件员称重，根据始发地和目的地计算运费；

8）选择付款方式，确认订单信息后签字；

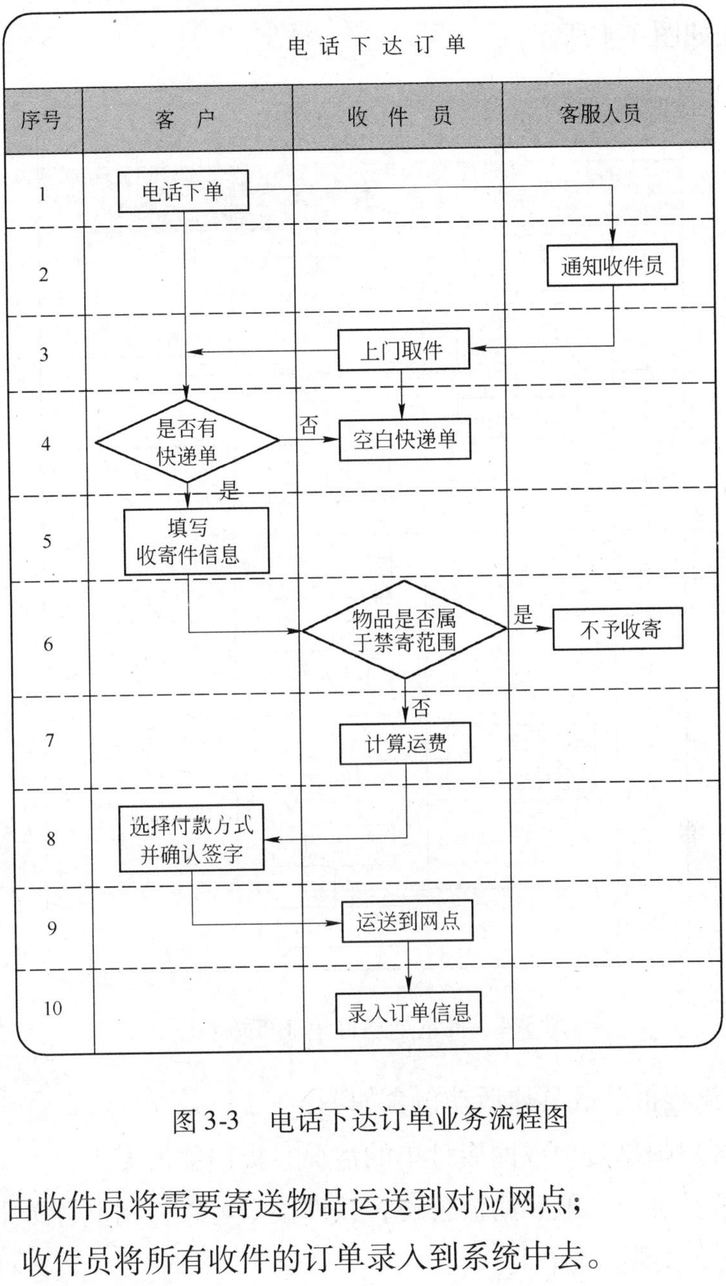

图3-3 电话下达订单业务流程图

9）由收件员将需要寄送物品运送到对应网点；

10）收件员将所有收件的订单录入到系统中去。

（2）批量接收订单环节。

此种模式下单的客户可以一般是合作公司或网店店家（如淘宝、天猫等）。这类客户下单数量相对较大、时间固定。对于大部分合作客户都有相应的软件接口，可以用客户软件直接打印快递单。该作业环节的流程如图 3-4 所示。

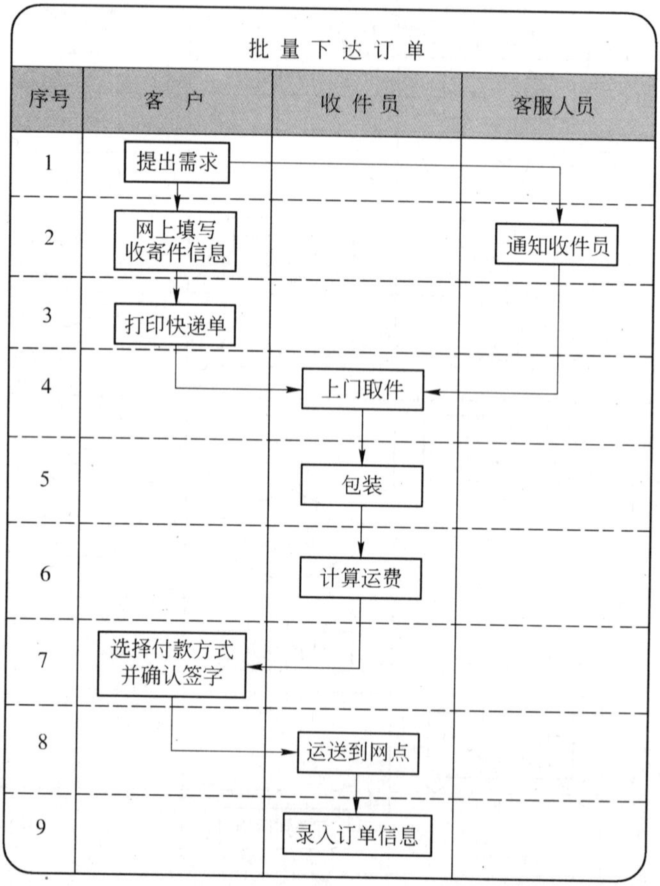

图 3-4　批量下达订单业务流程图

将该流程拆分成具体活动包含如下：

1）客户根据公司或网店订单的情况，提出物流需求；

2）这类客户一般和物流公司有软件接口可以将网上订单中的收寄信息直接打印到快递单上；

3）如果没有软件接口，则需要手工填写收寄信息；

4）收件员称重，进行包装，根据始发地和目的地计算运费；

5）该类客户一般情况是和物流公司进行协议结算，所以对付款方式进行选择确认；

6）由收件员将需要寄送物品运送到对应网点；

7）订单信息仍须收件人员录入到系统中。

3.3.2 分拣作业流程

在配送中心处，及时地将货物分拣出来，再次检查货物与订单信息是否一致。当检查没有问题时，便可将客户所需的货物装箱处理，将货物打包后，还要将货物根据客户所在区域进行分类，并贴上客户的信息以及相关的货物信息，以便工作人员送货。以上的整个过程就是分拣的过程。配送中心在进行分拣作业时，通常情况下可采用两种方式进行分货：

（1）人工分拣。整个分货过程都是由现场工作人员来进行操作的。在进行分货时，工作人员根据客户订单或是配送中心的制定的配送单来进行分拣，将每个顾客的所订的货物送至已做好各客户标识的区域。一般此种手工作业方式在中小型物流企业或快递的派送网点居多。

（2）自动化处理。这种方式主要是借助自动化分类设备，通过计算机及识别系统进行分类，因而不但分类迅速，而且正确率也很高。尤其在拣取数量或分类数量非常大的情况下，其分类效率高的优势更加突出。但是，这种方式由于成本较高。所以，目前只在大中型的物流企业中应用较多。

3.3.3 配送作业流程

配送中心在完成分拣作业后，将物品运输到该管辖范围的各个配送网点，然后进入配送作业环节。配送人员在送货之前，也是要检查货物的相关信息，只有确认货物信息正确无误，配件员就会安排具体的送货工作。具体流程如图 3-5 所示。

该业务的具体活动如下：

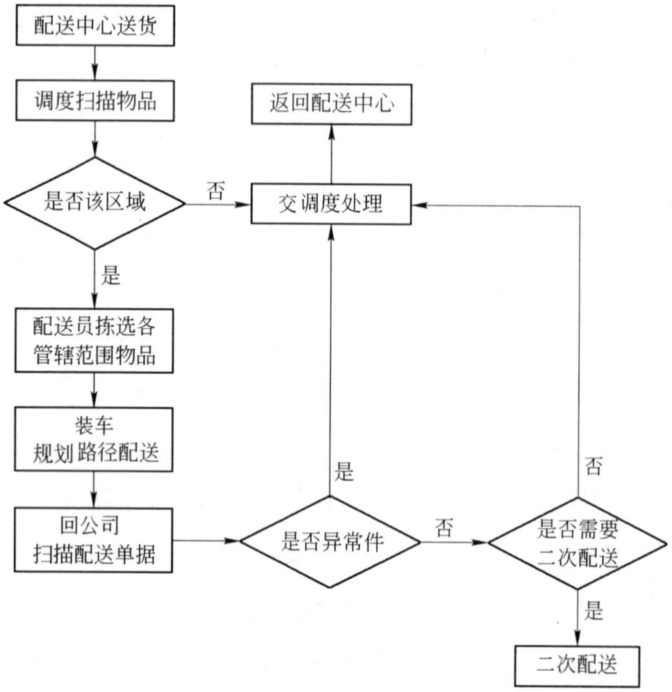

图 3-5 配送作业流程图

首先由配送中心将需要配送的物品运送到各个运营网点，负责调度的人员进行扫码，如果物品不属于该辖区，调度人员做进一步处理后，返回到配送中心；扫码后，各个配送员开始拣选负责管辖范围的物品。由于中小型物流企业的运营网点员工培训不够，加之工作强度大。所以，手动分拣物品造成“暴力分拣”的主要原因。

经过拣选后的物品有配送员开始进行派送，配送后将已经完成定单进行扫描，更新配送状态，对于异常件交由调研人员进行处理，如果需要进行二次配送，则再次进行配送。

3.4 第三方物流系统需求分析

从功能上来看，一个物流信息系统由相互存在着各种信息联系的功能所组成的有机整体，并且有着一定的系统目标。

3.4.1 分拣作业需求分析

目前，虽然有些大型配送中心已经实施了自动分拣，但是在运送到分拣设备前，还需要有人工识别地址信息后进行数据输入，才能进行分拣。将来手工分拣作业会逐步被自动分拣所取代，所以，在 MIS 设计中就要充分考虑到将来分拣自动化的数据结构要求。

3.4.2 客户信息需求分析

建立客户档案，客户档案应包括以下内容：

（1）客户名称、代号、等级等；

（2）信用额度；

（3）快递配送区域；

（4）客户点配送路径顺序；

（5）适合的送达车辆形态；

（6）快递配送要求；

（7）延迟订单的处理。

客户档案见表 3-1。

表 3-1　客户档案

客户资料项目	说　明
客户名称、代号、等级等	尽量以客户的有效证件信息作为唯一识别数据
客户信用额度	对批发用户或第三方物流的客户
客户销售付款及折扣率的条件	经营批发业务的配送中心或第三方物流的客户
开发或负责此客户的业务员资料	
客户配送区域	可以根据客户的信息自动显示出对应的配送网点和配送业务员信息
客户点配送路线顺序	根据区域、接到、客户位置，将客户分配于适当的配送路径

续表 3-1

客户资料项目	说　明
客户点适合的送货车辆状态	客户所在的点的街道有车辆大小的限制，因此须将适合该客户的车辆类型记录在系统中
客户配送要求	客户对送货时间有特定要求或有协助上架、贴标签等要求
延迟订单处理方式	延迟订单处理方式。可事先约定规则，避免过多的临时询问或紧急处理

功能点要求：

（1）一个客户对应于多个地址；

（2）可以查看客户使用的订单信息；

（3）可以用客户电话查找对应客户信息（包括地址、订单）；

（4）客户信息包括身份证信息；

（5）为了信息的安全性，有权限的人员才能查看客户的信息。

3.4.3 订单信息需求分析

建立订单基本信息，并将订单中的信息与管理信息系统中其他模块信息关联起来，防止多次录入造成的信息重复输入和数据不一致情况。应包括以下内容：

（1）客户编码、客户姓名、客户联系电话等客户信息；

（2）订单中收件地址用数据字典中的“省市区县”进行选择；

（3）收寄地址都用各地区号进行标记；

（4）费用根据各个配送公司规定计算公式自动生成，可以人工进行修改。

功能点要求：

（1）费用根据各个配送公司规定计算公式自动生成，可以人工进行修改；

（2）在输入收件人、寄件人信息时，输入联系电话自动获取出相关的客户信息，如姓名、客户编号等；

(3) 客户可以在网上下达订单，确认后，订单直接打印出来交由客户签字；

(4) 界面数量尽量少，便于操作者多次打开窗口。

3.4.4　自动分拣功能需求分析

目前，各个物流企业逐步适应自动分拣系统作业流程。自动化分拣系统利用电脑和自动分辨系统来完成的分拣作业，适应于繁忙的配送分拣作业。利用自动分拣系统进行分拣的过程如图 3-6 所示。

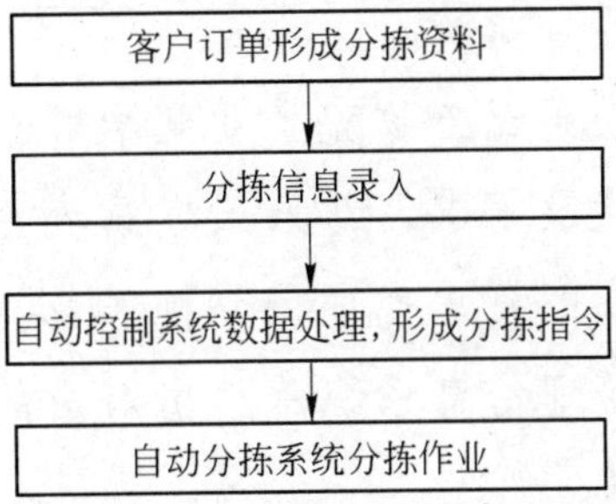

图 3-6　自动分拣业务流程图

步骤一　分拣作业开始前，首先要处理拣货信息，快递分拣作业应当依据订单处理系统输出的分拣单形成拣货资料，然后进行分拣作业。

步骤二　将有关货物及分类信息通过自动分类机的信息输入装置，输入自动控制系统。

步骤三　自动分拣系统利用计算机控制中心技术，将货物及分类信息进行自动化处理并形成数据指令传输至分拣作业机械。

步骤四　分拣机利用条码技术、射频识别技术等自动识别装置，对货物进行自动化分类拣取，当货物通过移栽装置移至输送机上时由输送系统移至分类系统，再有分类道口排出装置按预先设置的分类要求将快递货件推出分类机，完成分拣作业。

3.4.5 派送作业需求分析

根据客户对于快件的时间要求及存货的状况，以及顾客订单号码，合理安排出货顺序及送达时间。处理目前各个物流工作都可以做到的物流跟踪。在本书的MIS系统中，要求收件人可以自由选择派送时间，方便客户接受物品，并且可以有效地提高派件员的工作效率。

在派送模块中，可以选择收货时间，比如工作日、非工作日；派送的时间段；派送前是否需要确认等信息。

本 章 小 结

本章阐述了中小型第三方物流企业配送环节中存在的问题，结合调研过程中企业的现状及需求，对第三方物流企业组织结构及功能要素进行分析；对系统中的订单处理、分拣作业、派送作业的实际作业流程进行分析；针对管理信息系统总结出对应的需求分析。为后面的系统功能设计奠定基础。

参考文献

[1] 曾传华．物流管理与信息系统[M]．北京：清华大学出版社，2007，3.

[2] 王景恒．物流配送关键技术优化方法研究[D]．长春：吉林大学，2006.

[3] 张乳燕，贾利民，蔡国强．基于时间Petri网的物流系统建模与仿真实例[J]．物流技术，2008(10).

[4] 王慧．基于Petri网的物流配送业务流程优化与仿真研究[D]．武汉：武汉理工大学，2010.

[5] 李雪松，张理．现代物流作业管理[M]．北京：北京大学出版社，2004.

[6] 蔡淑琴，夏火松，梁静．物流信息系统（第3版）[M]．北京：中国物资出版社，2004.

[7] 蔡淑琴，夏火松，梁静．物流信息系统[M]．北京：中国物资出版社，2010，8.

4

基于精益思想的中小型第三方物流企业的研究

通过查阅相关资料和文献得知，精益化生产已经从制造型企业逐步向交通运输、航空、服务业、零售业等行业不断扩展。第三方物流企业作业服务业的一个分支，其服务内容就是制造型企业优化组织机构以外包形式转化而来。因此，精益管理思想也可以应用到第三方物流企业。

4.1　基于精益思想的改善工具——价值流图

要实现精益管理，最关键的就是消除所谓的“浪费”。在精益思想理论体系中，企业生产经营活动中存在着各式各样的浪费，要想消除浪费，首先要判别企业活动的两个组成类别：增值活动和非增值活动。因此，在顾客对价值的认同下，企业应加大力度消灭浪费，降低成本，以赢取更高的边际利润。价值流分析就是企业消除浪费，持续改善的一个非常有效的方法。

4.1.1　价值流图法

价值流图（Value Stream Mapping，VSM）是精益生产体系下的一种描述物流和信息流的形象化工具。它以精益思想为指导，通过作图的方法，帮助企业考虑整个产品价值流的流动，而不是只考虑孤立的过程，从而帮助企业来理解和精简生产流程。使企业能够对其整个价值流进行持续的、系统化的改进，提高企业的效益和在市场中的竞争能力。

价值流图法是通过了解和详细分析产品生产中的各种活动，画出当前状态的价值流图，然后从客户的角度出发，分析这个价值流图中的增值、不增值、浪费的步骤，然后根据讨论和分析的结果画出未来状态的价值流图，并定义相关的实施计划。

4.1.2 价值流图分析步骤

分析过程是把每个工作任务、信息流和工作表现都画在图纸上，然后提出引导式的问题去挑战现有的过程，最后画出一个新的、有更多增值、流动更通畅、浪费更少的价值流。如图 4-1 所示。

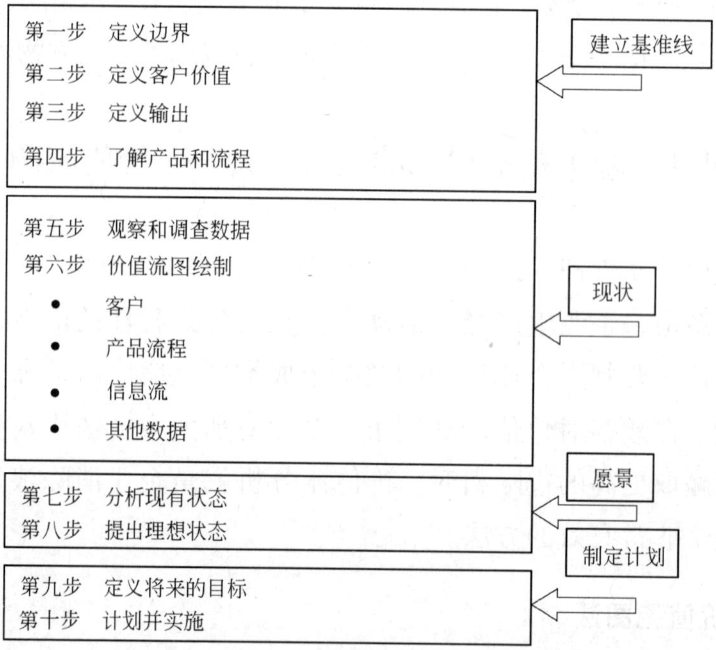

图 4-1 价值流分析步骤

4.2 基于精益思想的中小型快递企业配送环节的研究

以快递公司为例，精益改善以十步价值流分析方法为指导，按照以下主要步骤制定相应行动和策略。

4.2.1 建立基准线

第一步：定义边界。价值流图需要首先边界清晰。

在本流程里边界定义如下：

⊙ 谁是供应商——寄件人

⊙ 促发因素有哪些——收件人的物品需求

⊙ 主要的流程步骤有哪些：

——收件（电话接单、网络下单）

——运输

——网点派送

⊙ 谁是合作伙伴？

——承运商：负责物流

——内部合作部门：客服部门和收寄件网点

⊙ 输出是什么？

——将物品从寄件地点运送到收件地点

第二步：定义客户价值。

(1) 对于终端客户的价值是什么？

对于需要分析的配送环节，终端客户的价值就是对物流的价值，也就是物品按照客户的要求从供应地点到需求地点快速、高质量、低成本的运送过程。

(2) 增值过程是什么？

物品从寄件地点到收件地点物流的过程。

(3) 顾客所购买的价值是什么？

快速、高质量、低成本的运送顾客所需要的物品。

第三步：定义输出。

收件人签收物品。

第四步：了解产品和流程。

（1）了解整体流程，流程图见图 4-2。

（2）以物流、信息流为线索，进行分析。

通过对快递企业中的作业流程分析，从物流的角度绘制出的流程图见图 4-2。

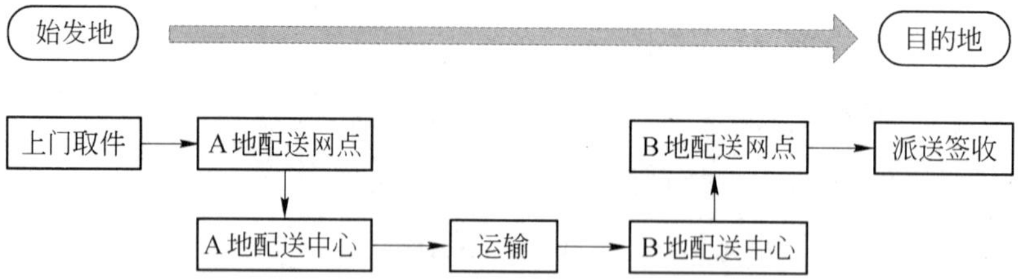

图 4-2　从物流角度分析作业流程

在快递企业中，从信息流角度分析其流程，见图 4-3。

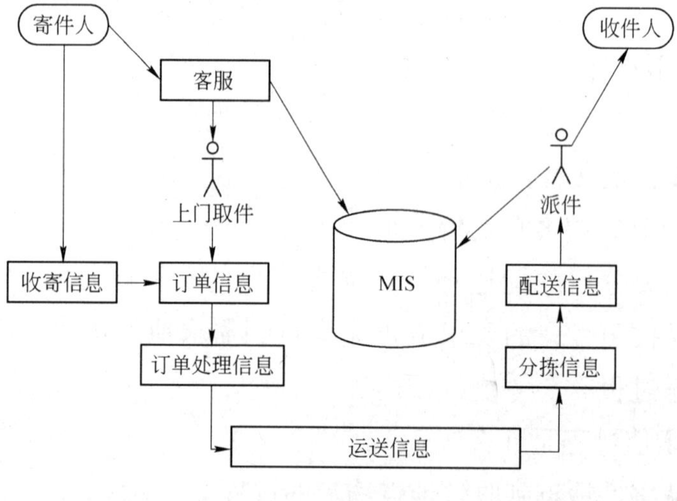

图 4-3　从信息流角度分析作业流程

4.2.2　分析价值流并绘制当前状态图

分析现有流程状态，绘制价值流图并为分析需要改善的步骤提供依据。

第五步：观察和调查数据。了解价值流并且收集价值流中每一阶段的数据。

（1）收件阶段流程及输入、输出数据图如图 4-4 所示。

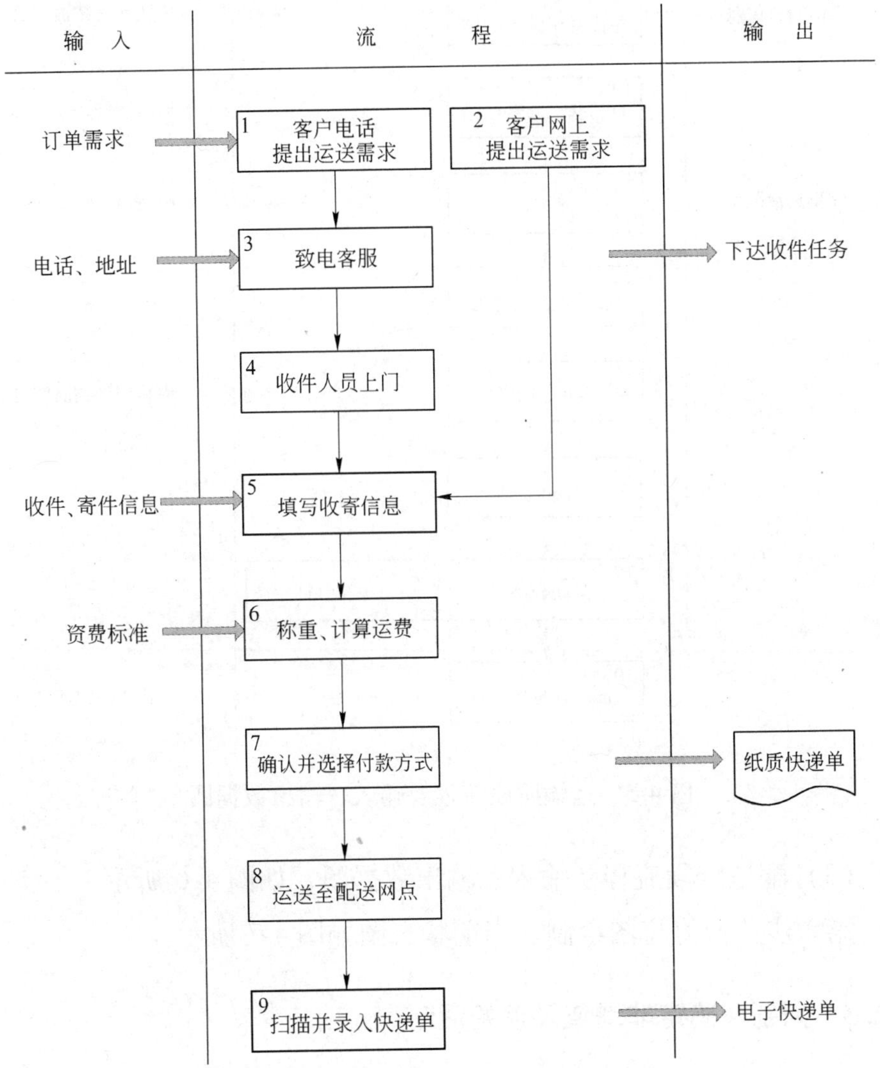

图 4-4 收件阶段流程及输入、输出数据图

（2）运输阶段流程及输入、输出数据图如图 4-5 所示。

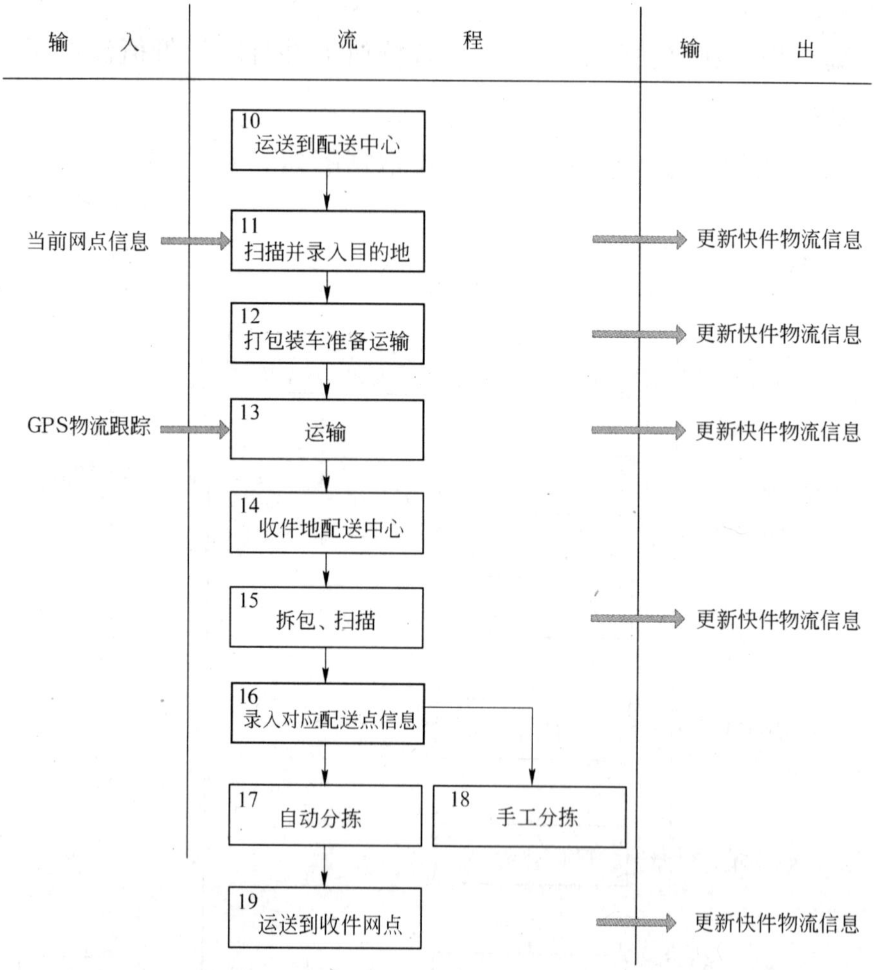

图 4-5 运输阶段流程及输入、输出数据图

（3）配送阶段流程及输入、输出数据图，如图 4-6 所示。

第六步：价值流图绘制。当前状态图如图 4-7 所示。

4.2.3 判别和确定非增值及浪费活动

第七步：分析现有状态。经过对现在状态的分析，将下面的问题定义为非增值或者浪费：

（1）当物品到达 A 地配送中心后，需要员工根据快递单上的地址

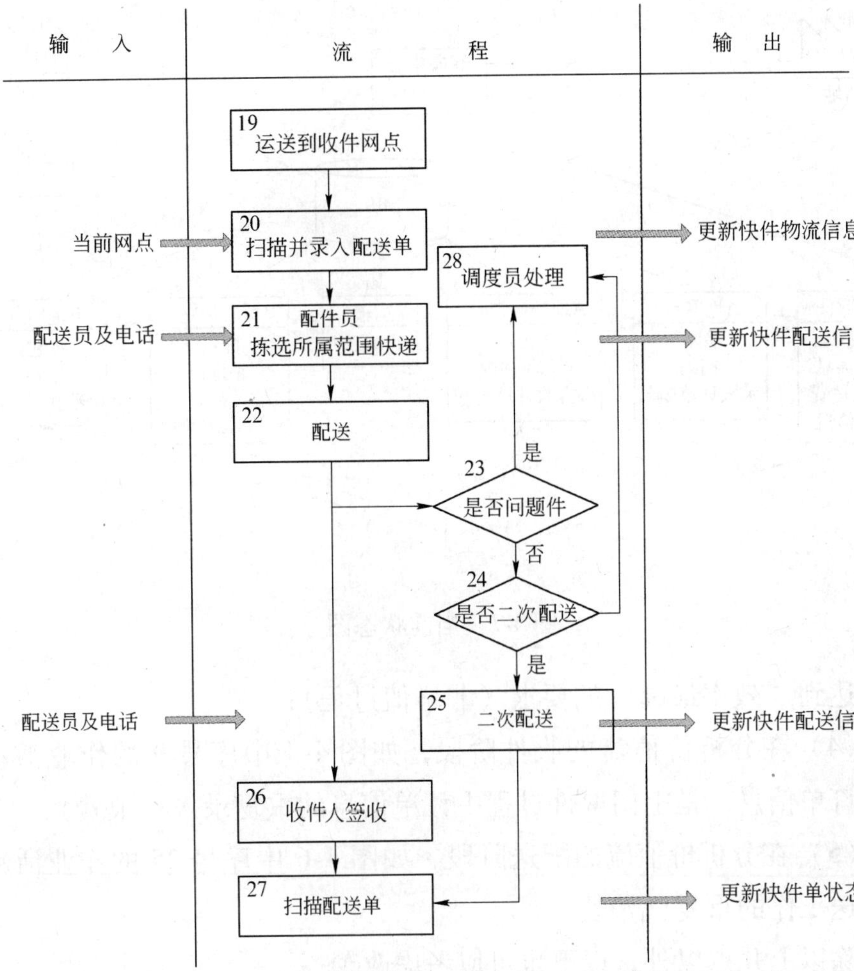

图 4-6 配送阶段流程及输入、输出数据图

信息进行录入，来为后续自动分拣提供数据（浪费，信息的重复录入）；

（2）当物品到达 B 地配送中心后，需要员工根据快递单上的地址信息进行录入，来为后续自动分拣提供数据（浪费，信息的重复录入）；

（3）当物品到达 B 地网点后，配送员根据快递单上的地址信息拣选属于各自管辖范围的快件，虽然属于不得不做的非增值过程，但是

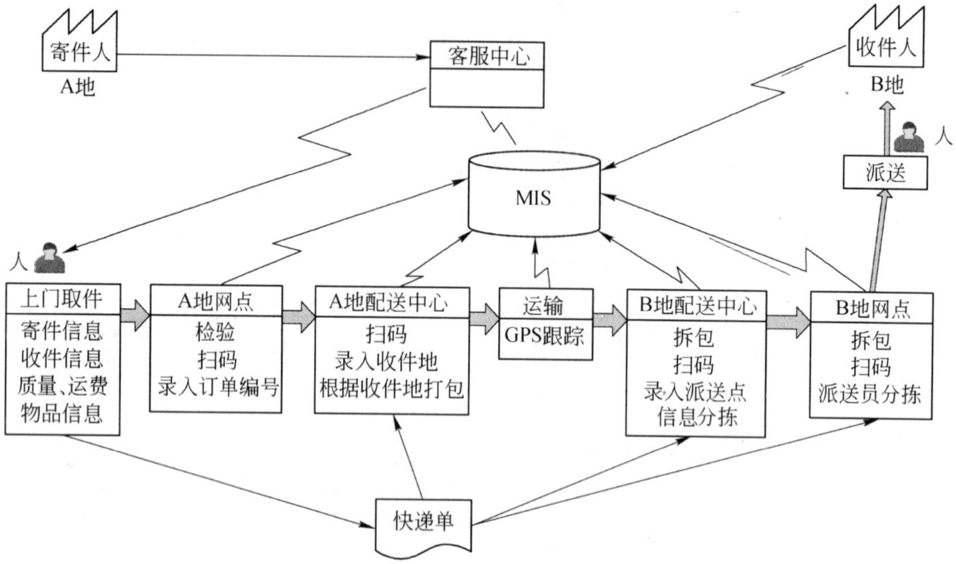

图 4-7　当前状态图

尚未达到“效率最高”的要求（非增值过程）；

（4）在分析价值流的收件阶段，如图 4-4 中序号 9 的作业活动，录入订单信息，是上门取件过程中订单信息的重复录入（浪费）；

（5）在分析价值流的配送阶段，如图 4-6 中序号 25 的作业活动，是配送工作的重复（浪费）。

除以上几点以外，以下也可以考虑改善：

（1）目前，快递单基本都是纸质单据，增加了运营成本，并且不利于可持续性发展，可以逐步考虑用电子签名或其他电子方式进行信息传递及签收（持续改善）；

（2）开通网络下单渠道，用户可以在网上直接下单将订单中的收寄件信息录入到 MIS 中，这样可以省去其他人员的录入工作；

（3）目前，在各个配送网点基本都是手工扫描条码，这样方式效率低、工作强度大，可以用自动识别设备进行操作（非增值过程）；

（4）配送路线目前都是由配送员根据经验进行线路规划，将来可以用 MIS 系统根据各个地点的配送物品、数量、客户预定的配送时间等信息进行线路规划，从而优化路径，减少其中的浪费。

4.2.4 设计新的精益流程

第八步：提出理想状态。

（1）将快递单中的信息“一次录入，系统共享”，无需重复多次录入；

（2）逐步将人工分拣转化为自动化分拣，减少机械的、重复性的工作；

（3）网点信息和收件员信息可以直接通过网络查询，不需要经过客服中心进行信息传递。

第九步：定义将来的目标。未来状态图如图 4-8 所示。

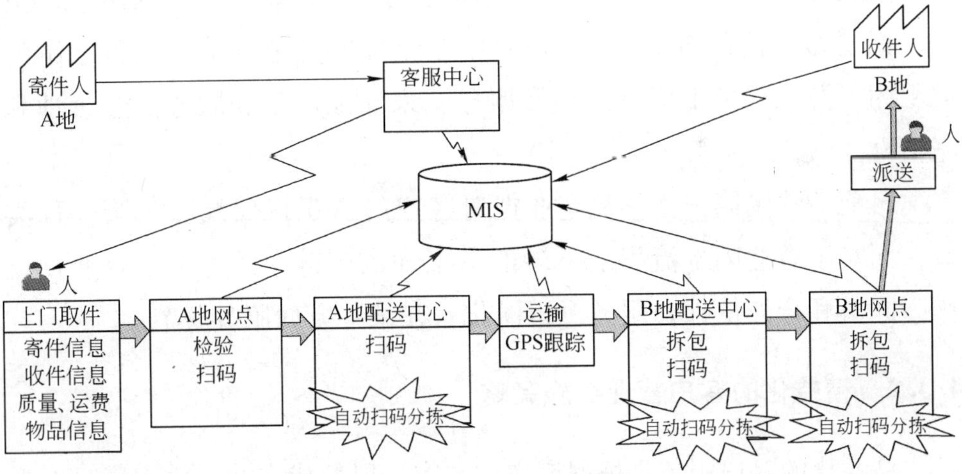

图 4-8 绘制未来状态图

4.3 在第三方物流企业中实施精益客户管理

“以客户为中心”是精益管理的特征，服务面向客户，强调客户的重要性，用多方位服务、快速响应、高质量的服务来满足用户的需求。

4.3.1 精益化的客户对象定义

为了更好地服务于客户，清晰地了解客户的需求，从精益思想的角度，可以将顾客划分为以下类型：

第一种类型是最终服务的消费者，在本文中称之为“终端客户”。这类客户处于供应链的最终端，是以消费满足需求为特征的个体或群体。此类客户在第三方物流企业中，特指所谓的“收件方”、“寄件方”，该群体追求的是物美价廉的价格和快捷的服务。

第二种类型是处于供应链中间环节的以盈利为目的的公司、企业等组织。在第三方物流企业中，可能是运输商，合作配送的服务商、技术支持商等，此类客户称之为“供应链下游客户”。区别于第一类客户，这类客户所追求的始终是利益。

第三种类型是企业内部工作流程中的小下游业务环节的岗位及员工，称之为“内部客户”。在企业作业流程的各个环节，流程上游的员工为下游流程员工提供产品及服务，来保证产品和服务的连续性和完整性。

目前，我国第三方物流企业把对客户的认识仅仅局限与第一种类型，而对于企业内部流程上下游的员工和供应链中的上下游企业仅仅作为同事和合作伙伴，服务意识淡化，在某些方面服务脱节。

4.3.2 精益化的客户管理实施策略

精益化的客户服务是根据客户的要求，以低成本和高效率满足客户的需要。第三方物流企业中精益化的客户管理实施策略包括以下方面：

（1）客户数据统一信息化管理。

建立好客户的基本档案资料并将客户进行分类管理，对于“终端客户”，掌握客户的地址信息、需求信息、订单收发情况等数据，为客户提供个性化服务提供有效数据信息；对于“供应链下游客户”，了解此类客户的经营模式、订单类型、其终端客户的满意度等信息，以便后续采用更为有效的合作模式。

（2）和“供应链下游客户”建立统一信息平台。

在供应链上下游节点“客户”，建立统一的信息平台，消除“信息孤岛”造成的等待浪费，用统一规范的语言实现“看板”管理，从而提高整个供应链的效率，实现第三方物流企业和“客户”之间的共赢。

（3）建立客户反馈机制。

在客户管理模块，针对不同类型客户，建立不同的信息反馈机制，使客户不仅成为服务的接受者，更能参与到企业整个服务过程中。客户与企业建立一种互动关系，倾听客户的意见及建议，满足客户的需求同时，更能完善“以客户为中心”的服务水平。

（4）提供个性化服务。

在以上三种策略基础上，针对不同客户群体的不同需求，针对关键客户设计对应的服务项目。

本 章 小 结

本章首先介绍了精益思想的改善工具之一——价值流图析法，然后结合中小型快递企业的配送流程运用该方法建立基准线、分析价值流并绘制当前状态图。在此研究基础上，判别和界定非增值和浪费活动，并设计新的流程和绘制未来状态图。最后，对客户的精益管理提出实施策略。

参考文献

［1］Beau Keyte，Drew Locher. 精益办公价值流［M］. 张晓光，谢安平，译. 北京：中国财政经济出版社，2010.

［2］林璇. 以精益思想为指导的制造型企业非生产性流程的改善研究——以AB公司生产设备采购流程为例［D］.（硕士学位论文）. 上海：上海外国语大学，2012.

5 第三方物流系统总体设计

5.1 总体设计原则

主要内容：

（1）统一性、协调性原则。

参与物流的部门、各个作业环节（运输、储存、装卸、包装、流通加工、配送、信息处理）要从适应现代物流发展的需要出发，强调统一信息标准、统一业务规范、统一编码；强调加强信息交流，在时间、空间上的互相协调。

（2）作业实用性、简洁性原则。

系统面向中小型第三方物流实际业务，在设计上充分考虑操作人员的计算机应用能力要求。录入界面和物流企业以往使用的物流管理系统类似，相关功能尽可能地集中在一起，使操作人员不用过多地切换界面就可以快速直观地完成其业务，务求作业尽量简洁。

（3）作业流程衔接合理化原则。

根据客户的需求组织内部的价值流，合理规划第三位物流企业内部的作业流程，使其各流程之间衔接紧密。在满足客户需要的前提下，尽量压缩价值流中于客户不产生价值的作业环节。

（4）灵活性和可扩展性原则。

充分考虑业务的可扩展性和可修改性，从体系结构和实现技术上，对于将要实现的自动识别功能，在系统设计上留有接口，使得业务发生改变的时候，不会引起系统总体设计的变化。

(5) 安全性原则。

充分利用数据库的安全性机制，对各种数据的录入提供一致性检查，保证非法数据不会进入到系统数据库中；相关业务人员赋予相关的业务权限，避免造成业务操作混乱；对所有数据表都设置操作员和操作日期等字段，以备检查；系统日志中记录每一操作员登录和离开系统的时间。

5.2 总体设计目标

第三方物流配送是由取货、装卸搬运、仓储、订单处理、拣货、送货等业务环节组成。所以，在整个配送流程中，要求配送管理信息系统要实时与订单处理、库存、配送等进行数据交换。同时，还要和上游的配送中心与下游的业务员数据共享。区别于其他第三方物流配送系统，该管理信息系统总体设计要达到以下目标：

(1) 数据规范化、信息化。

将收件地址信息化、规范化处理。目前，各个中小型快递公司“收件地址”信息由人工进行识别并进行分拣，然后由调度员或配送员进行编码，再进行配送。在此系统中，在录入订单信息时，将“收件地址”录入到系统中去。在录入环节，不是输入文字信息，而是将地址中对应的“省/市”、“市/区”、“区/县”、“范围（网点）”用代码的形式在数据库中体现出来，这样就实现了“一次输入，系统共享”的目标。

(2) 以客户为中心，快速响应。

完善客户资料管理。对于客户进行资料录入，并统一进行管理。可以根据客户的联系电话信息识别来电客户，并快速显示该客户信息及地址等数据；客户可以选择取件、配送的时间段还有收货的方式（上门送货、代收等）等，更好的“以客户为中心”改善服务。

(3) 持续消除浪费。

第三方物流企业作业流程中存在的浪费有别于生产作业环节中存在的浪费。例如，生产作业环节存在着物流的浪费，而第三方物流企业的生产产品是对应的服务，那么第三方物流企业可以持续消除的浪费包括作业重复、作业能力过剩、搬运、等待、动作浪费等。只有不断地进行改进，才能消除当前的浪费，提高第三方物流企业效率，重新形成新的价值流，不断完善。

由此可见，规范化、信息化既是一个传统目标，更是一个现代目标。

5.3 系统功能模块设计

第三方物流系统功能模块结构如图 5-1 所示。

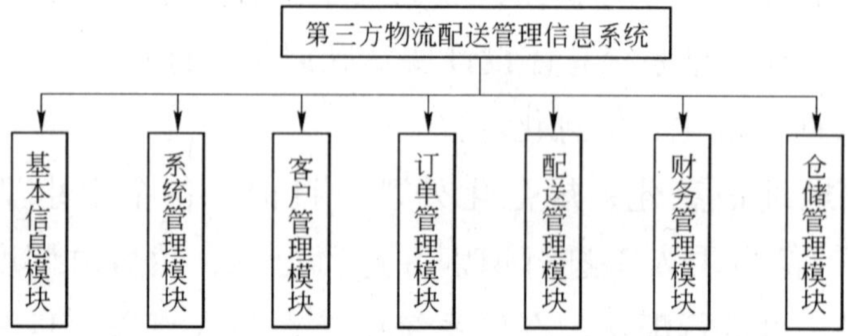

图 5-1 第三方物流系统功能模块结构图

在系统功能结构图设计上，主要采取了功能分解的方式，各个功能模块可以根据第三方配送公司的需要进行组合。

5.3.1 基本信息功能模块需求分析

在第三方物流管理信息系统中有很多数据需要进行集中维护和管理，并且需要和其他业务模块之间建立管理关系。如，组织信息、员工资料、承运商档案和单据信息、仓库基础数据（包括仓库、库区、库位、库位承载类型)、车辆信息等。所以，信息系统中应包含组织信息管理、仓库基本信息管理、车辆管理、员工信息，如图 5-2 所示。

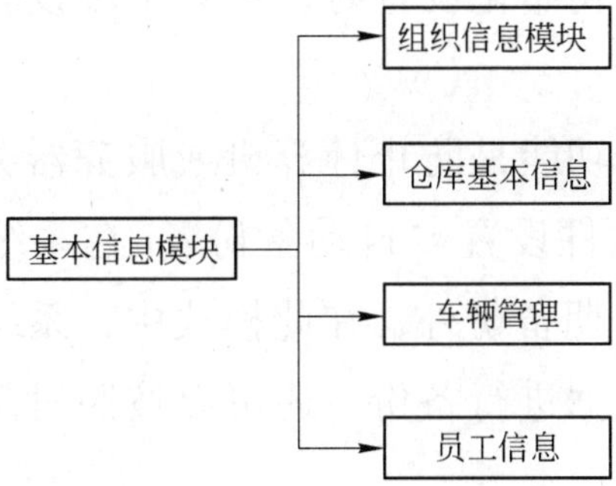

图 5-2　基本信息功能模块

5.3.2　系统管理功能模块需求分析

在系统管理模块，只有管理员权限的用户才可以进行操作，包括的功能如图 5-3 所示。

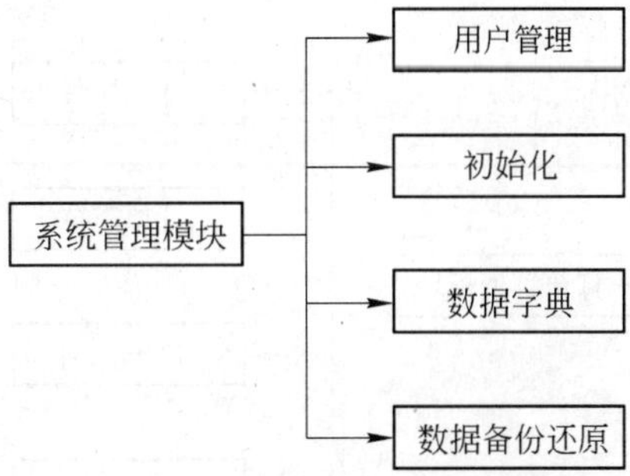

图 5-3　系统管理功能模块

用户管理主要包括系统用户的增加、修改、删除、查看功能；密码管理；用户对应的权限分配；信息查询等功能。

初始化包括系统在针对某一特定的第三方物流公司实施 MIS 时，对公司特定的业务进行初始化设置。包括：组织部门、用户角色、各个角色分配权限；还有业务资费标准（运费计算方法）、保价费率等特定的业务设置。

数据字典是数据库的重要组成部分。它存放有数据库所用的有关信息，在系统管理员初始化设置时，针对字段设置对应数据字典，以便用户的系统操作。

数据还原和备份功能是防止计算机或服务器突发性故障造成的数据丢失。在数据库软件设置“自动备份”，在系统中定期备份数据库信息。同时，除了定期备份外，在此模块中，系统管理员可以手动进行备份，将需要的数据进行备份。还可以按照时间点等要求将备份数据进行还原。

5.3.3 订单管理功能模块需求分析

订单管理是中小型快递企业的一个核心业务流程，而且订单处理直接面向“终端客户”服务，也是对外的窗口。

订单管理模块包括订单添加、订单接收、订单审核、订单查询、订单处理子模块。其功能如图 5-4 所示。

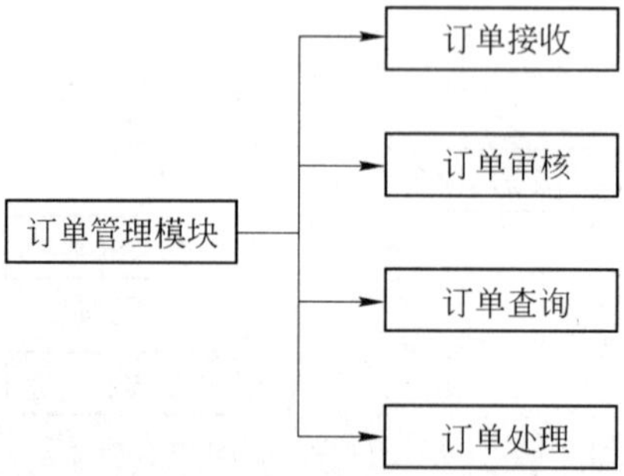

图 5-4 订单管理功能模块

主要功能包括：

（1）订单接收（下单）。接收订单信息后，要求物流企业按照客户的配送地点、时间、物品、费用等相关信息录入到系统数据库中，为后续的订单相关操作和运输模块、配送模块打下良好的数据基础。

（2）订单审核。按照国家行业标准，对订单核实配送物品等相关订单信息，然后审核是否接受订单，并及时反馈给客户。

（3）订单查询。配送中心员工和客户可以实时查询订单信息，随时掌握订单情况。

（4）订单数据处理。将审核通过后的订单根据目的地、配送时间及物品信息进行统一打包，运输。并对历史数据进行统计分析，包括各个营业网点进行数据分析、订单统计，为后续持续精益化改进提供充足信息。

订单管理数据流程如图 5-5 所示。

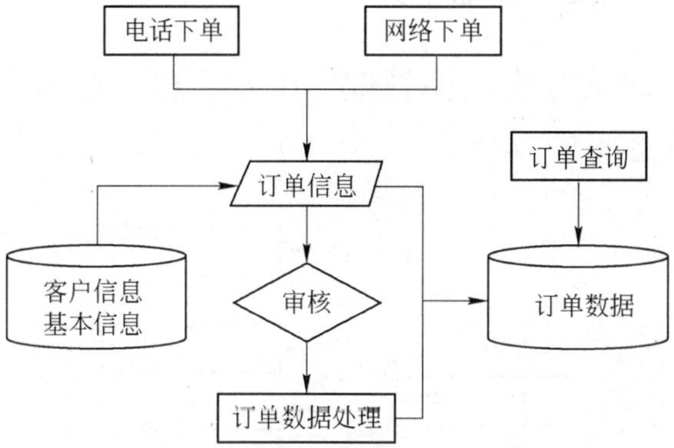

图 5-5 订单管理数据流程图

在订单管理的数据流程图中，订单信息中“寄方信息”可以通过用户的电话（联系方式）或网络下单（用户 ID）获取客户相关信息和对应地址信息；“收件员”“派件员”信息可以从基本信息中员工登录号获取员工信息。

5.3.4 客户管理功能模块需求分析

客户管理作为第三方物流企业精益化管理的模块，应具有以下几个模块，如图 5-6 所示。

客户管理模块，首先收集客户基础数据。将大量的客户信息录入

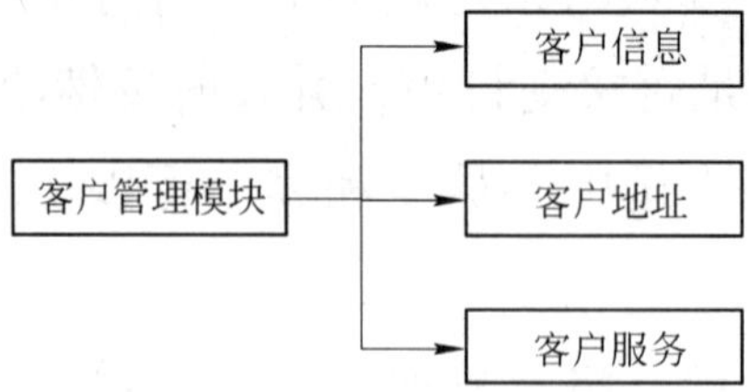

图 5-6 客户管理功能模块

到系统中，便于后续的客户管理与服务。在系统中，建立客户——地址关联关系。

5.3.5 仓储管理功能模块需求分析

库存管理模块又分为入库管理、出库管理、查询、盘点管理 4 个子模块。如图 5-7 所示。

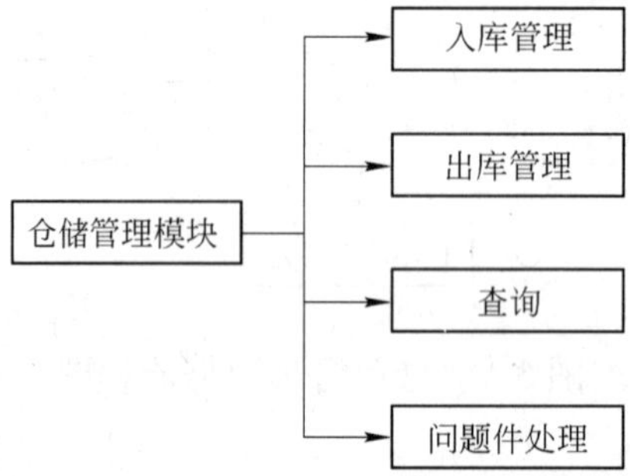

图 5-7 库存管理功能模块

入库管理是将需要配送中心运送到营业网点的物品进行入库操作，在经过检验、扫描、拆包、分配后，各个派送员开始进行配送物品。在入库录入时，包括物品、订单号、数量、仓库和操作员等信息。对于有问题的物品，要将信息及时反馈到上一级配送中心或网点。

出库管理包括出库订单信息录入和查询，还有打印功能。出库信息包括：订单号、出入库、物品等。

库存管理模块中要可以根据一定条件查询功能。比如，按照订单号、派送员、网点、日期、物品等。

在仓库管理模块中，将问题件处理作为一个功能子模块。对于运输、配送、库存整个物流业务流程中遇到的问题物品及对应订单进行处理的一个调度及协调。

5.3.6 配送管理功能模块需求分析

配送是中小型第三方物流企业的核心业务，也是面对“客户”的关键环节。其调度包括：配送跟踪如路径、配送员、时间、车辆调配等。其功能如图 5-8 所示。

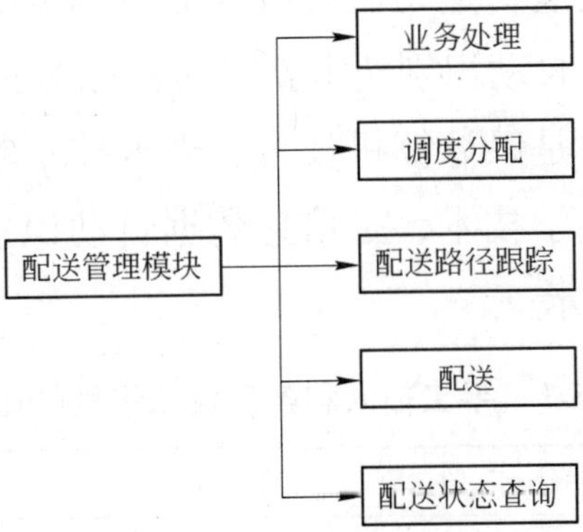

图 5-8 配送管理功能模块

在基于精益物流的第三方物流配送管理系统中，用户可以选择配送时间，来提高配送的效率和质量。

5.3.7 财务管理功能模块需求分析

财务管理功能模块包括当日财务结算、每次货运结算和货运成本参考。对配送企业的所有财务账目进行统计与查询。包含财务账统计、配送费用统计与仓库保管/代理费的统计。由于各个企业在财务方面都有各自对应财务软件和管理方法，所以根据企业的自身情况和需求，提供对应接口。在本书中，财务部分不作为研究重点。

5.4 自动识别技术在“地址信息”中的应用

在基于精益思想的第三方物流企业中，自动分拣功能将逐步取代手工分拣。所以，将始发地、目的地信息采用自动识别技术，这样就为后续自动化分拣提供了信息基础，也是作为自动分拣功能的过渡阶段。

目前，数据采集在传统方式下采用手工方式录入，速度慢、采集的数据差错率高，很容易出现失实。随着超大规模集成电路和超高速计算机技术的迅速发展，迫切需要改变原有的数据输入方法，大幅提高输入质量和速度。自动识别技术就是为消除数据录入的“瓶颈”问题而研究产生的。它是以计算机技术、光电技术和通信技术的发展为基础的一项综合性科学技术，是信息数据自动识别、输入的重要方法和手段，如表 5-1 所示。

表 5-1 手工输入和条码自动识别的比较

项 目	手 工 输 入	条 码 识 别
采集速度	200 字符/每分钟	4000 字符/每分钟
出错率	1/300	1/1000000
基材价格	无	低
扫描器价格	无	低
优 点	操作简单，可用眼识读，键盘本身便宜	输入速度快，设备便宜，设备种类多，可非接触式识读
缺 点	输入速度低，输入受个人因素影响	数据不可更改，不可用眼直接阅读

5.4.1 自动识别技术概述

自动设备识别技术使目前国际上发展很快的一项新技术，英文名称为 Automatic Equipment Identification，简称 AEI。自动识别技术是将数据自动采集和识读，并自动输入计算机的重要方法和手段。自动识别技术近几十年在全球范围内得到了迅猛发展，初步形成了一个包括条码技术、光学字符识别、磁卡技术、智能卡、射频技术、声音识别及视觉识别等集计算机、光、机电、通信技术于一体的高新技术学科自动识别技术。目前，已广泛应用于商业流通、仓储、图书情报、邮政、铁路、交通运输、生产自动化管理等领域。

我国条码自动识别技术起步较晚，但发展很快。1991 年和 1997 年，我国以中国物品编码中心和中国自动识别技术行业协会名义分别参加了国际物品编码协会和国际自动识别制造商协会，促使我国条码自动识别技术推广应用和条码自动识别技术装备生产的迅速发展。截止到 2003 年年底，已成功发展中国商品条码系统成员 10 万家，名列世界第三位，保持系统成员 10% 的增长率。

5.4.1.1 条码技术

条码技术诞生于 20 世纪 40 年代，20 世纪 70 年代逐渐形成了规模，近 30 年则取得了长足的发展。条码是利用光电扫描阅读设备来实现数据输入计算机的一种代码。目前，条码技术在欧美、日本已得到普遍应用，而且正在世界各地迅速推广普及，其应用领域还在不断扩大。

（1）一维条码。

引自中华人民共和国国家标准 GB/T 12905—2000《条码术语》：条码（bar code）是由一组规则列的条、空及其对应字符组成的标记，用以表示一定的信息。这些条和空组成的数据表达一定的信息，并能够被识读，转换成与计算机兼容的二进制信息。条码系统（bar code system）由条码符号设计、制作及扫描识读组成的自动识别系统。

目前，使用频率最高的几种码制是 EAN、UPC、39 码，交叉 25 码和 EAN128 码。其中，UPC 条码主要用于北美地区。EAN 条码是国际通用符号体系，它们是一种定长、无含义的条码，主要用于商品标识。39 码主要用于工业、图书及票证的自动化管理，目前使用极为广泛。

EAN128 条码是由国际物品编码协会（EAN Internatinoal）和美国统一代码委员会（UCC）联合开发、共同采用的一种特定的条码符号。它是一种连续型、非定长有含义的高密度代码，用以表示生产日期、批号、数量、规格、保质期、收货地等更多的商品信息。另有一些码制主要是适应特殊需要的应用方面，如库德巴码用于血库、图书馆、包裹等的跟踪管理；25 码用于包装、运输和国际航空系统为机票进行顺序编号；类似 39 码的 93 码，它密度更高些，可代替 39 码。

（2）二维条码。

二维条码技术是在一维条码无法满足实际应用需求的前提下产生的。由于受信息容量的限制，一维条码只能充当物品的代码，而不能涵盖更多的物品信息。二维条码具有信息量大、可靠性高，保密、防伪性强等特点，所以可以用它表示数据文件（包括汉字文件）、图片等。它是各种证件及卡片等大容量、高可靠性信息实现存储、携带并自动识别的最理想的方法。

目前，二维条码主要分为堆积或层排式和棋盘或矩阵式两大类。包括以下几种：PDF417 码由美国 SYMBOL 公司研制的，是目前应用最为广泛的一种二维码；Data Matrix 码主要用于电子行业小零件的标识，如 Intel 的奔腾处理器的背面就印制了这种码；Maxi Code 码由美国联合包裹服务（UPS）公司研制的，用于包裹的分拣和跟踪等领域。

作为一种先进的自动识别技术，二维条码具有以下特点：

1）成熟的标准。目前国际上已有完善的标准体系，国内也有相应标准。

2）存储容量大。相对于一维条码极低的存储量，二维条码存储大于 1KB 的信息，证卡专用的 CM 存储量甚至可到 32KB。

3）信息密度高、范围广。在一个不大的图形内，可存储数字、英文、汉字、指纹、声音和图片等信息。

4）采集速度快。识读速度在 300 毫秒以下。

5）制作成本低。从 0.01 元到 0.09 元。

6）纠错能力强。在条码污损的情况下，仍然能够识读，识读误码率在千万分之一以下。

7）安全性高。内容不可改写，需专用设备识读，信息可加密等。

5.4.1.2 无线射频识别

无线射频识别（Radio Frequency Identification，RFID）技术是一种直接继承了雷达的概念，并由此发展起来的具有革命性的自动识别技术。1948 年哈里·斯托克曼（Harry Stockman）在无线电工程师协会（Institute of Radio Engineers）学报上发表的《利用能量反射进行通信（Communication by Means of Reflected Power）》奠定了 RFID 技术的理论基础。

无线射频识别技术是一种非接触的自动识别技术，其基本原理是利用射频信号和空间耦合（电感或电磁耦合）传输特性，实现对被识别物体的自动识别，如图 5-9 所示。

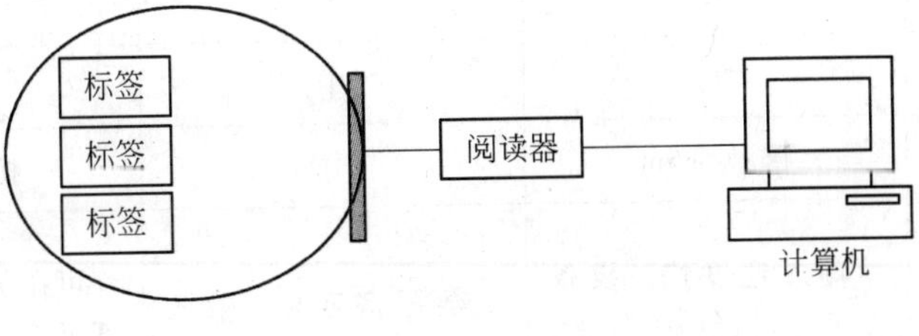

图 5-9 RFID 系统配置示意图

该项技术的基本思想是通过采用一些先进的技术手段，实现人们对各类物体或设备（人员、物品）在不同状态（移动、静止或恶劣环境）下的自动识别和管理。

随着无线通信和大规模集成电路技术的发展，RFID 产品成本逐渐降低，进入了实用化阶段。射频识别技术可以广泛应用于工业自动化、商业自动化、交通运输控制管理等众多领域，如汽车、火车等交通监控，高速公路自动收费系统，停车场管理系统，物品管理，流水线生产自动化，安全出入检查，仓储管理，动物管理，车辆防盗等。

5.4.2 自动识别技术的类型

目前，应用比较广泛的自动识别技术是：条码、磁条、射频。结合各种自动识别技术特点，三种识别技术的比较见表5-2。

表5-2 条码、磁条（卡）、射频的比较

项 目	条 码	磁条（卡）	射 频
输入12位数据速度/s	0.3～2	0.3～2	0.3～0.5
误读率	1/15000～1/100000000		
印刷密度	最大20个字符/英寸	48个字符/英寸	4～8000字符
印刷面积	长15mm×宽4mm	高6.4mm	直径4mm×长32mm～纵54mm×横86mm
基材价格	低	中	高
扫描器价格	低	中	高
非接触识读	接触约5m	不能	接触约5m
优 点	输入速度快，设备便宜，设备种类多，可非接触式识读	数据密度高，输入速度快	可在灰尘油污等情况下使用，可非接触式识读
缺 点	数据不可更改，不可用眼直接阅读	不能直接用眼阅读，不能非接触式识读，数据可变更	发射、接收装置昂贵，发射装置寿命短，数据可改写

由表5-2可以看出，目前现有物流企业采用条码技术是最佳的选择。

将条码技术中一维条码和二维条码进行比较，信息容量大、安全性高、读取率高、错误纠正能力强等特性是二维条码的主要特点。一维条码同二维条码的对照可见表5-3。

表5-3 一维条码和二维条码的比较

项目	一维条码	二维条码
信息密度与信息容量	信息密度低，信息容量较小	信息密度高，信息容量较大
错误校验及纠错能力	可通过校验字符进行错误校验，没有纠错能力	具有错误校验和纠错能力，可根据需求设置不同的纠错级别
垂直方向是否携带信息	不携带信息	携带信息
用途	对物品的标识	对物品的描述
对数据库和通讯网络的依赖	多数应用场合依赖数据库及通信网络	可不依赖数据库及通信网络而单独应用
识读设备	可用线扫描识读，如光笔、线阵CCD、激光枪	对于行排式二维条码可用线扫描器的多次扫描识读；对于矩阵式二维条码仅能用图像扫描器识读

5.4.3 条码的选择

条码技术作为一种常用的自动识别技术，其种类较多，选型时需要结合条码技术与企业的自身情况考虑。主要有以下几点：

（1）成本。企业实施条形码管理的初衷在于提高对产品质量的要求及各个部门之间的工作效率，其最终目的在于提高生产效率，使生产成本最低化，效益最大化。企业的生产环境千差万别，如高温、粉尘、辐射等各种情况。随着对环境适应能力的不同，条形码耗材的价格也会有很大的差异。除了耗材成本外，有些条码应用是需要相关认证或版权费用的，实施时需要考虑条码技术的综合成本。

（2）可行性。一般企业都偏重于成熟的技术，对项目的可行性都比较慎重，要做多方面的调研。一旦项目启动，发生因可行性论证错误而失败，所造成的投资损失代价将是非常可怕的。

（3）技术的稳定性、可靠性及可移植性。不同的条形码对技术的要求不同，制造业的生产规模较大，只有选用稳定、可靠的条码技术才能保证工厂的连续生产能力，并且在将来系统升级时能够保证现有系统的升级与迁移。

基于上述几点的考虑，MIS 中“地址编码”选择了技术最为稳定、成本低廉的一维条码。IntermeC 公司于 1975 年推出的三九码条码具有编码规则简单、误码率低、所能表示字符个数多等特点，主要用于工业、图书以及票据的自动化管理，且不需要支付专门的版权费用。

5.4.4 地址编码设计

MIS 中地址编码体系应遵循以下原则：

（1）地址编码的唯一性。每一代码必须保证其所提供的实体（或属性）是唯一的；反过来，每一个所描述的实体（或属性）都必须有对应一个确定的代码。

（2）系统性和可读性。编码要有系统的观点，尽量照顾到各种需要，并从实际管理需要出发具备一定的可读性，如地址编码中应能体现区域等信息。

（3）可扩展性。编码设计要留有相应的扩展余度，包括区县的扩展。

（4）稳定性。为了便于地址管理在编码时应充分考虑其分拣需要的信息，防止频繁地重新编码而造成占用更多资源、影响历史信息识别等体系混乱。

（5）与其他系统的兼容性。企业内容通常还有其他管理系统，如 ERP。在制定编码规则时保证与系统之间的统一，方便系统间进行数据交换。

考虑到 MIS 从人工识别编号到系统自动识别需要一个过渡，所以本系统中采用两套编码设计。

第一，人工识别。在系统设计过程中加入字段“区号”来进行人工识别，这样虽然有的企业尚未使用自动识别及自动分拣设备，仍可以用此字段来识别“地址信息”，方便派送人员读取。

第二，在地址编码中，地址编码根据其区域属性，将“省/市”、“市/区”、“区（县）”等信息设计为2位数字表示。设计如下复合式编码结构，如图5-10所示：

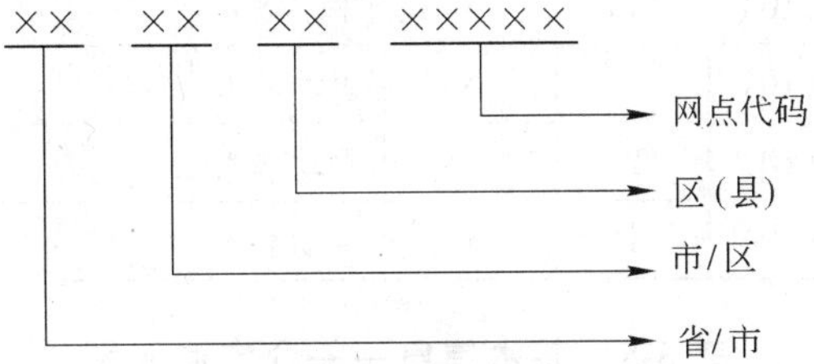

图5-10 设备编码体系结构图

5.5 系统概要设计

物流信息系统是一个复杂的系统，涉及不同层次的多个管理部门、多个环节的物流企业及其货物。在规划过程中，一方面，要考虑到消除信息的“阻塞”，使信息流更加顺畅；另一方面，为整个物流信息系统的开发和扩展提供一个规范性的框架及其标准，使整个系统具有标准性、开放性及其相当的柔性。

5.5.1 基本信息管理功能模块

基本信息管理功能模块具体内容包括：

(1) 目的。

在基本信息中，包含组织机构信息、仓库基本信息、车辆、员工信息4个子模块。单击基本信息按钮，显示出基本信息子模块，用户根据各自需求，进入相应功能模块。每个子模块都应具有增加、修改、删除、查看查询和打印功能。

（2）输入。

具体输入分类见表5-4～表5-9。

表5-4 基本信息——部门输入表

屏幕项	数据类型及长度	是否查询项	可否为“空”	输入方式	数据来源	数据默认值
部门编号	字符（10）	Y	N	手动输入		
部门名称	字符（10）	Y	N	手动输入		
部门职能	字符（50）	Y	Y	手动输入		
备　注	字符（50）	Y	Y	手动输入		

表5-5 基本信息——仓库输入表

屏幕项	数据类型及长度	是否查询项	可否为“空”	输入方式	数据来源	数据默认值
仓库编号	字符（10）	Y	N	手动输入		
仓库名称	字符（10）	Y	N	手动输入		
仓库类型	字符（10）	Y	N	下拉框	从数据字典里获取	
货架类型	字符（10）	N	Y	手动输入		
可用长度/m	XX. XX	N	Y	手动输入		
可用高度/m	XX. XX	N	Y	手动输入		
堆货面积/m^2	XX. XX	N	Y	手动输入		
可用宽度/m	XX. XX	N	Y	手动输入		
仓库地址	字符（50）	N	Y	手动输入		
核定载重/t	XX. XX	N	Y	手动输入		

表5-6 基本信息——仓库库区输入表

屏幕项	数据类型及长度	是否查询项	可否为“空”	输入方式	数据来源	数据默认值
所属仓库编号	字符（10）	N	N	手动输入		
仓储区域编号	字符（10）	Y	N	手动输入		
仓储区域名称	字符（10）	Y	Y	手动输入		

续表 5-6

屏幕项	数据类型及长度	是否查询项	可否为"空"	输入方式	数据来源	数据默认值
仓储区域类型		Y	N	下拉框	从数据字典里获取	
仓储区域长度/m	XX. XX	N	Y	手动输入		
仓储区域宽度/m	XX. XX	N	Y	手动输入		
仓储区域面积/m^2	XX. XX	N	Y	手动输入		
空白面积/m^2	XX. XX	N	Y	手动输入		
已使用面积/m^2	XX. XX	N	Y	手动输入		
最大载重/t	XX. XX	N	Y	手动输入		

表 5-7 基本信息——仓库库位输入表

屏幕项	数据类型及长度	是否查询项	可否为"空"	输入方式	数据来源	数据默认值
所属仓库编号	字符（10）	N	N	手动输入		
所属区域编号	字符（10）	N	N	手动输入		
货位编号	字符（10）	Y	N	手动输入		
货位长度/m	XX. XX	N	Y	手动输入		
货位宽度/m	XX. XX	N	Y	手动输入		
货位高度/m	XX. XX	N	Y	手动输入		
货位容积/m^3	XX. XX	Y	Y	手动输入		
空白面积/m^2	XX. XX	N	Y	手动输入		
最大载重/t	XX. XX	Y	Y	手动输入		

表 5-8 基本信息——车辆输入表

屏幕项	数据类型及长度	是否查询项	可否为“空”	输入方式	数据来源	数据默认值
车辆编号	字符（10）	Y	N	手动输入		
车辆牌号	字符（50）	Y	N	手动输入		
车辆类型	字符（10）	Y	Y	下拉框选择	从数据字典中获取	
车辆原值/元	数字	Y	Y	手动输入		
负责人	字符（10）	Y	Y	下拉框选择	员工表	
购买日期	YYYY-MM-DD	Y	Y	手动输入		默认当前日期
备注	字符（50）	Y	Y	手动输入		

表 5-9 基本信息——员工表

屏幕项	数据类型及长度	是否查询项	可否为“空”	输入方式	数据来源	数据默认值
人员编号	字符（10）	Y	N	手动输入		
人员姓名	字符（50）	Y	N	手动输入		
人员性别		Y	N	下拉框	从数据字典里获取	
联系电话	字符（11）	Y	N	手动输入		
出生日期	YYYY-MM-DD	Y	Y	手动输入		
部　门	字符（50）	Y	N	下拉框	从部门表里获取	
职　务	字符（50）	Y	Y	手动输入		
所在网点	字符（10）	Y	Y	下拉框	从网点表里获取	
角　色	字符（10）	Y	Y	下拉框	从角色表里获取	
登录账号	字符（50）	Y	N	下拉框	从用户表里获取	

（3）加工。

无。

（4）输出。

输出内容见表 5-10。

表 5-10 基本信息输出表

输出信息名称	输出信息内容	输出方式	备 注
基本信息列表及详细资料	货物种类，仓库类型，部门，职务，分组	屏幕输出，打印输出	
部门列表及详细资料	部门编号，部门名称	屏幕输出，打印输出	
部门角色列表	部门编号，部门、角色名称	屏幕输出，打印输出	
职务列表及详细资料	职务编号，职务名称	屏幕输出，打印输出	
仓库类型列表及详细资料	仓库编号，仓库名称，仓库类型	屏幕输出，打印输出	
仓库基本信息列表及详细资料	货位信息维护，库区信息全部输入项	屏幕输出，打印输出	
仓库信息列表及详细资料	仓库信息全部输入项	屏幕输出，打印输出	
库区信息列表及详细资料	库区信息全部输入项	屏幕输出，打印输出	
货位信息列表及详细资料	货位信息全部输入项	屏幕输出，打印输出	
人员基本信息列表及详细资料	人员的编号，姓名，性别，出生日期，职务，部门	屏幕输出，打印输出	

（5）信息保存。

全部屏幕数据项均要求保存在数据库中。

（6）特殊功能要求。

无。

（7）用户接口。

有权限的用户可进行增加、修改、查看、删除、统计、打印操作。每个字段均有权限控制，无权限用户查看时字段具体内容用“＊”来代替。

（8）与外部机构关联信息描述。

无。

5.5.2 订单管理功能模块

订单管理功能模块内容包括：

（1）目的。

针对订单数据，建立订单资料信息库，并且将员工信息、客户的个人信息和地址信息建立关联关系，从而和配送网点及配送员建立对应关系。通过该模块，更好的实现订单信息和客户信息的数据共享。在该模块中有增加、修改、查看、删除、统计、打印功能。

（2）输入。

输入内容见表5-11。

表5-11 订单基本信息输入表

屏幕项	数据类型及长度	是否查询项	可否为“空”	输入方式	数据来源	数据默认值
订单 id	自动生成	N	N	自动生成		
订单号	字符（10）	Y	N	手动输入/条码扫描		
寄方编码	字符（10）	Y	N	自动获取	客户详细信息表	
寄方姓名	字符（20）	Y	N	自动获取		
寄件联系电话	数字（11）	Y	N	自动获取		
寄件公司	字符（40）	Y	Y	自动获取		
寄件区号	数字（4）	N	N	自动获取	从客户地址表获取	
寄件邮编	数字（6）	N	Y	自动获取		
寄件省	字符（4）	N	N	自动获取		
寄件市	字符（6）	N	N	自动获取		
寄件区（县）	字符（10）	N	N	自动获取		
寄件地址	字符（60）	Y	N	自动获取		

续表 5-11

屏幕项	数据类型及长度	是否查询项	可否为“空”	输入方式	数据来源	数据默认值
寄件网点	字符（10）	Y	N	下拉框选择	从数据字典获取	
收方编码	字符（10）	N	Y	手动输入		
收方姓名	字符（20）	Y	N	手动输入		
收件联系电话	数字（11）	Y	N	手动输入		
收件公司	字符（40）	N	Y	手动输入		
收件区号	数字（4）	N	N	手动输入		
收件邮编	数字（6）	N	Y	手动输入		
收件省	字符（4）	N	N	下拉框选择	从数据字典获取	
收件市	字符（6）	N	N	下拉框选择		
收件区（县）	字符（10）	N	N	下拉框选择		
收件地址	字符（60）	Y	N	手动输入		
收件网点	字符（10）	Y	N	下拉框选择	从数据字典获取	
物品内容	字符（20）	N	Y	手动输入		
数　量	数字（5）	N	Y	手动输入		
长/cm	数字（3）	N	Y	手动输入		
宽/cm	数字（3）	N	Y	手动输入		
高/cm	数字（3）	N	Y	手动输入		
体积/cm^3	数字（3）	N	Y	自动生成		
实际重量/kg	数字（3）	N	Y	手动输入		
计费重量/kg	数字（3）	N	Y	手动输入		
运费/元	数字（6）	N	N	自动生成		
是否保价	字符（2）	N	Y	下拉框选择		默认否
保价费率/%	百分数	N	Y	手动输入		依照各公司数值
保价金额	数字（6）	N	Y	手动输入		
保价费/元	数字（6）	N	Y	自动生成		

续表 5-11

屏幕项	数据类型及长度	是否查询项	可否为“空”	输入方式	数据来源	数据默认值
其他费用	数字（6）	N	Y	手动输入		
费用总计/元	数字（6）	N	N	自动生成		
付款方式	字符（10）	N	N	下拉框选择	从数据字典获取	收方付
第三付款信息	字符（20）	N	Y	手动输入		
月结账号	数字（20）	N	Y	手动输入		
订单时间	日期	N	N	手动输入		当前日期
收件员	字符（10）	Y	N	自动获取		登录工号
备　注	备注（50）	Y	Y	手动输入		

（3）加工。

$$体积=长\times宽\times高$$

运费根据各个公司的资费标准，自动生成。在初始化时进行定制

$$保价费=保价金额\times保价费率$$

$$总费用=运费+保价费+其他费用$$

（4）输出。

输出内容见表 5-12。

表 5-12　订单信息输出表

输出信息名称	输出信息内容	输出方式	备　注
“订单”数据列表	订单号、寄件姓名、联系电话、收件姓名、收件电话、订单时间	屏幕输出，打印输出	可以按月、按照网点进行统计
“订单”详细信息	用户输入的全部屏幕项	屏幕输出，打印输出	
“收件订单”数据列表	订单号、收件员、收件员电话、寄件姓名、联系电话、收件姓名、收件电话、订单时间	屏幕输出，打印输出	
“派件订单”数据列表	订单号、派件员、派件员电话、寄件姓名、联系电话、收件姓名、收件电话、订单时间	屏幕输出，打印输出	

（5）信息保存。

全部屏幕数据项均要求保存在数据库中。

（6）特殊功能要求。

订单数据列表可以按照年度、月份、网点区域进行统计。

订单中的基本信息数据和“客户详细信息”、“客户地址信息”、“公司资费标准”、“员工基本进行”表建立关联关系，对应数据直接获取。

订单号不仅可以手工录入，还可以用扫描枪进行条码扫描。

收件网点和寄件网点根据快递公司的网点设置情况，可以在系统中根据地址信息的关键字查询出来。在系统初始化过程中，设置网点信息。

（7）用户接口。

有权限的用户可进行增加、修改、查看、删除、统计、打印操作。每个字段均有权限控制，无权限用户查看时字段具体内容用“ * ”来代替。

（8）与外部机构关联信息描述。

无。

5.5.3 客户管理功能模块

客户管理功能模块内容包括：

（1）目的。

针对客户数据，建立客户资料信息库，并且将客户的个人信息和地址信息建立关联关系，从而和配送网点及配送员建立对应关系。通过该模块，更好的实现客户信息和网点信息的数据共享。在该模块中有增加、修改、查看、删除、统计、打印功能。

（2）输入。

输入内容见表5-13、表5-14。

表 5-13 客户基本信息输入表

屏幕项	数据类型及长度	是否查询项	可否为“空”	输入方式	数据来源	数据默认值
客户 id	自动生成	N	N	自动生成		
客户编码	字符（10）	Y	N	自动编号		
客户姓名	字符（20）	Y	N	手动输入		
客户性别	字符（20）	N	N	手动输入		
客户公司	字符（40）	Y	Y	手动输入		
客户证件类型	字符（12）	Y	Y	下拉框选择	从数据字典获取	
证件号码	字符（18）	Y	Y	手动输入		
联系电话	数字（11）	Y	N	手动输入		
区　号	数字（4）	Y	Y	手动输入		
固定电话	数字（10）	Y	Y	手动输入		
登记日期	日期 YYYY-MM-DD			手动输入		当前日期
备注	备注（50）	Y	Y	手动输入		

表 5-14 客户地址信息输入表

屏幕项	数据类型及长度	是否查询项	可否为“空”	输入方式	数据来源	数据默认值
客户编码	自动编号	Y	N	自动获取		
客户姓名	字符（20）	Y	N	自动获取		
邮编	数字（6）	Y	Y	手动输入		
地址	字符（60）	Y	N	手动输入		
省	字符（4）	Y	N	下拉框选择	从数据字典获取	
市	字符（6）	Y	N	下拉框选择	从数据字典获取	
区（县）	字符（10）	Y	N	下拉框选择	从数据字典获取	
对应网点	字符（10）	Y	N	下拉框选择	从数据字典获取	
备注	备注（50）	Y	Y	手动输入		
日期	YYYY-MM-DD			手动输入		当前日期

（3）加工。

无。

（4）输出。

输出内容见表5-15。

表5-15 客户信息输出表

输出信息名称	输出信息内容	输出方式	备 注
“客户信息”数据列表	客户编号、客户姓名、联系方式、客户公司	屏幕输出，打印输出	
“客户信息”详细资料	用户输入的全部屏幕项	屏幕输出，打印输出	
“客户地址”数据列表	客户编号、客户姓名、详细地址、对应网点	屏幕输出，打印输出	

（5）信息保存。

全部屏幕数据项均要求保存在数据库中。

（6）特殊功能要求。

一个客户对应多个地址信息。系统默认最近一次输入的地址。

“客户信息数据表”数据列表可按网点区域分类浏览。

（7）用户接口。

有权限的用户可进行增加、修改、查看、删除、统计、打印操作。每个字段均有权限控制，无权限用户查看时字段具体内容用“*”来代替。

（8）与外部机构关联信息描述。

无。

5.5.4 仓储管理功能模块

仓储管理功能模块内容包括：

（1）目的。

在仓储模块中，包含入库、出库、问题件处理、查询4个子模块。

每个子模块都包含有增加、修改、删除、查看、查询和打印功能。在录入操作中，以条码扫描为主，兼顾键盘输入功能。

（2）输入。

输入内容见表5-16～表5-18。

表5-16 入库输入表

屏幕项	数据类型及长度	是否查询项	可否为“空”	输入方式	数据来源	数据默认值
入库编号	字符（10）	Y	N	自动生成		
订单号	字符（10）	Y	N	条码扫描/手动输入		
入库日期	YYYY-MM-DD	Y	N	自动生成		当前日期
入库人	字符（10）	Y	N	自动获取	登录ID	
检　验	字符（10）	Y	Y	下拉框	从数据字典获取	合　格
备　注	字符（50）	N	Y	手动输入		

表5-17 出库输入表

屏幕项	数据类型及长度	是否查询项	可否为“空”	输入方式	数据来源	数据默认值
出库编号	字符（10）	Y	N	自动生成		
订单号	字符（10）	Y	N	条码扫描/手动输入		
出库日期	YYYY-MM-DD	Y	N	自动生成		当前日期
出库人	字符（10）	Y	N	自动获取	登录ID	
备　注	字符（50）	N	Y	手动输入		

表5-18 问题件处理输入表

屏幕项	数据类型及长度	是否查询项	可否为“空”	输入方式	数据来源	数据默认值
问题件编号	字符（10）	Y	N	自动生成		
订单编号	字符（10）	Y	N	条码扫描/手动输入		

续表 5-18

屏幕项	数据类型及长度	是否查询项	可否为“空”	输入方式	数据来源	数据默认值
录入日期	YYYY-MM-DD	Y	N	自动生成		当前日期
处理人	字符（10）	Y	Y	下拉框		
处理状态	字符（10）	Y	Y	下拉框	从数据字典获取	
问题描述	字符（50）	N	Y	手动输入		
处理方法	字符（50）	N	Y	手动输入		
录入人	字符（10）	Y	N	自动获取	登录 ID	

（3）加工。

无。

（4）输出。

输出内容见表 5-19。

表 5-19 客户基本信息输出表

输出信息名称	输出信息内容	输出方式	备 注
入库列表	入库日期、入库编号、订单号、入库人	屏幕输出，打印输出	
出库列表	出库日期、出库编号、订单号、出库人	屏幕输出，打印输出	
问题件列表及详细资料	问题件编号、订单号、日期、处理状态、处理人、处理方法	屏幕输出，打印输出	

（5）信息保存。

全部屏幕数据项均要求保存在数据库中。

（6）特殊功能要求。

无。

（7）用户接口。

有权限的用户可进行增加、修改、查看、删除、统计、打印操作。每个字段均有权限控制，无权限用户查看时字段具体内容用“*”来代替。

（8）与外部机构关联信息描述。

无。

5.5.5 配送管理功能模块

配送管理功能模块内容包括：

（1）目的。

在配送模块中，包含有派送增加、修改、删除、查看、查询和打印功能。在录入操作中，以条码扫描为主，兼顾键盘输入功能。

（2）输入。

输入内容见表5-20。

表5-20 入库输入表

屏幕项	数据类型及长度	是否查询项	可否为“空”	输入方式	数据来源	数据默认值
派送编号	字符（10）	Y	N	自动生成		
订单号	字符（10）	Y	N	条码扫描/手动输入		
派送状态	字符（10）	Y	Y	下拉框	从数据字典获取	
派送日期	YYYY-MM-DD	Y	N	自动生成		当前日期
派送地点	字符（10）	Y	Y	下拉框	网点表	默认当前网点
经办人	字符（10）	Y	N	自动获取	登录ID	
经办人电话	字符（11）	Y	Y	自动获取	和经办人关联	

（3）加工。

无。

（4）输出。

输出内容见表5-21。

表 5-21 销售计划信息输出表

输出信息名称	输出信息内容	输出方式	备 注
派送列表	派送日期、订单号、派送地点	屏幕输出，打印输出	
派送详细资料	订单号、派送地点、派送时间、经办人	屏幕输出，打印输出	

（5）信息保存。

全部屏幕数据项均要求保存在数据库中。

（6）特殊功能要求。

无。

（7）用户接口。

有权限的用户可进行增加、修改、查看、删除、统计、打印操作。每个字段均有权限控制，无权限用户查看时字段具体内容用“*”来代替。

（8）与外部机构关联信息描述。

无。

本 章 小 结

本章针对基于精益物流思想的中小型第三方物流 MIS 进行总体设计。首先，对系统提出总体设计原则及设计目标；其次，把系统划分为 7 个功能模块，并针对每个模块进行功能设计；第三，对“地址”进行编码设计；第四，对每个功能模块进行系统概要设计，为后续详细设计提供了依据。

参考文献

[1] 中国自动识别技术编辑部. 自动识别技术基础知识（一）[J]. 中国自动识别技术，2006，8(1).

[2] Automatic Identifieation Manufacturers. (1998). Antomatic identification and data capture techniques-an overview. http://www. aimi. org/techinfo/ aidc. html.

[3] 易昌惠. 条码识别技术的发展[J]. 企业标准化，2004，2.

[4] 李正子. 国际条码自动识别技术发展趋势和我国的对策[J]. 金卡工程，2005，8.

[5] 陈丹晖，刘红. 条码技术与应用[M]. 北京：化学工业出版社，2006.

[6] 董琳媛，钱叶，苏艳. 条码技术在物流信息系统中的应用[J]. 商场现代化，2007，5(14).

[7] Theo Pavilidis, Jerome Swartz, Ynjiun P. Wang. Fundamentals of Bar Code Information Theory [J]. Computer IEEE, 1990, 4.

[8] 锦程. 自动识别技术最新发展动态[J]. 水路运输文摘，2004，(2/3).

[9] 中国物品编码中心. QR code 二维码技术与应用[M]. 北京：中国标准出版社，2002.

[10] 自动识别技术编辑部. 自动识别技术基础知识（二）[J]. 中国自动识别技术，2006，10(2).

[11] 张得煜. 二维条码技术、标准及应用[J]. 信息技术与标准化，2007(10).

[12] 胡兴军，白木. 条码自动识别技术及市场[J]. 中国防伪报道，2004(1).

[13] 谭民，刘禹，曾隽芳，等. RFID 技术系统工程及应用指南[M]. 北京：机械工业出版社，2007.

[14] 游战清，李苏剑. 无线射频识别技术（RFID）理论与应用[M]. 北京：电子工业出版社，2004.

[15] 游占清，刘克胜，吴翔，等. 无线射频识别（RFID）与条码技术[M]. 北京：机械工业出版社，2006.

[16] 纪震，李慧慧，姜来. 电子标签原理与应用[M]. 西安：西安电子科技大学出版社，2006.

[17] 刘建康. 浅谈射频识别技术的发展和应用现状[J]. 中国防伪报道，2008(6).

[18] 康东，石喜勤，李勇鹏，等. 射频识别（RFID）核心技术与典型应用开发案例[M]. 北京：人民邮电出版社，2008.

[19] 韦元华，舟子. 条形码技术与应用[M]. 北京：中国纺织出版社，2003.

[20] 中国物品编码中心. 条码技术与应用[M]. 北京：清华大学出版社，2003.

6

第三方物流子系统详细设计

6.1 客户管理模块详细设计

6.1.1 涉及操作流程

客户管理模块涉及流程如图 6-1 所示。

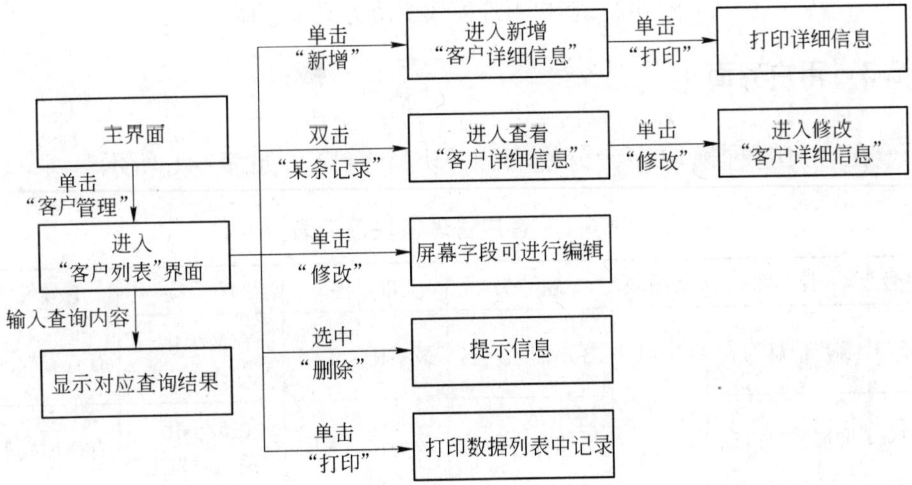

图 6-1　客户管理模块涉及流程示意图

6.1.2 解决方案

客户管理模块解决方案如图 6-2 所示。

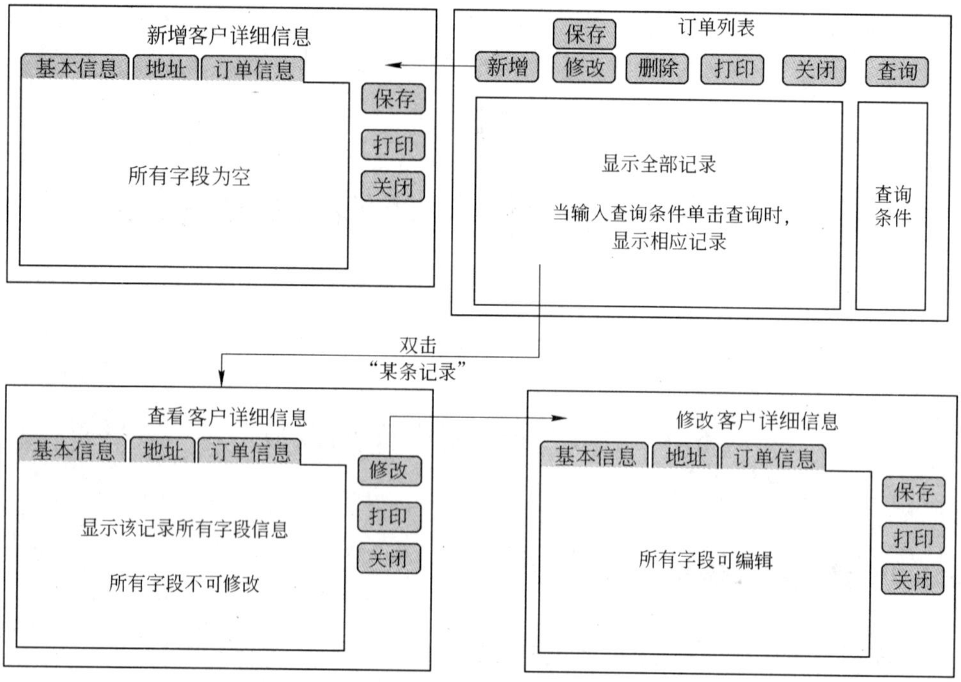

图 6-2　客户管理模块解决方案示意图

6.1.3　用户界面

在客户管理模块中，分别有以下几个窗口，如表 6-1 所示。

表 6-1　客户管理模块窗口表

序号	名　称	父模块	题　头	事　件	响　应	有效性
1	客户信息列表	客户管理	客户信息列表	最小化、关闭	在最小化、关闭时发生	有查看权限
2	增加客户信息		增加客户信息	最小化、关闭	在最小化、关闭时发生	有增加权限
3	查看客户信息		查看客户信息	最小化、关闭	在最小化、关闭时发生	有查看权限
4	修改客户信息		修改客户信息	最小化、关闭	在最小化、关闭时发生	有修改权限
5	查询客户信息		查询客户信息	最小化、关闭	在最小化、关闭时发生	有修改权限

6.1.3.1 客户信息列表窗口

客户信息列表界面如图6-3所示。在客户信息列表界面中，包括：字符框、编辑框、按钮、图片、数据窗口等控件。查询项部分在本节6.1.3.7中详细介绍。

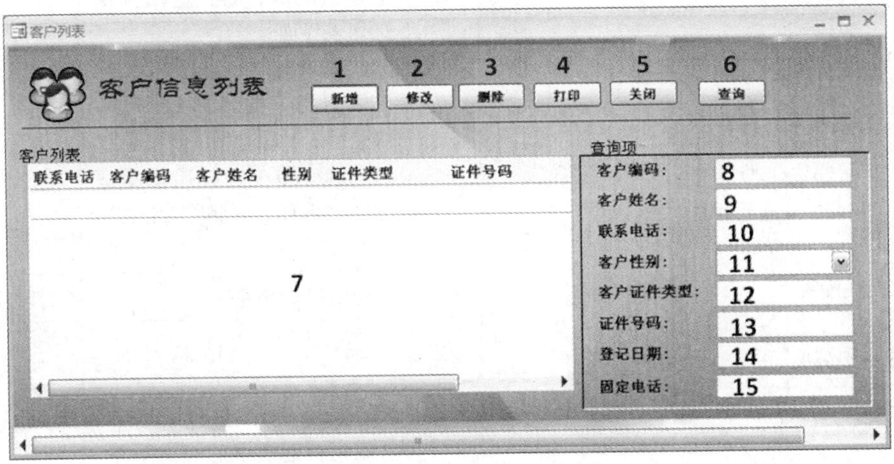

图6-3　客户信息列表界面

按钮（控件）表如表6-2所示。

表6-2　客户信息列表按键表

序号	类型	父模块	标识	状态	默认状态	事件	响　应	有效性
1	按钮	客户信息列表	新增	可用	可用	单击	弹出“新增客户信息”窗口	有增加权限
2	按钮		修改	可用	可用	单击	客户列表数据窗口的记录可编辑	有修改权限

续表 6-2

序号	类型	父模块	标识	状态	默认状态	事件	响应	有效性
3	按钮	客户信息列表	删除	可用	可用	单击	选中数据弹出“确定要删除此信息”对话框。是：选中数据删除；否：返回到信息列表界面； 数据窗口内无数据，弹出提示信息“没有需要删除的信息!”； 未选中数据，弹出提示信息“请选择需要删除的信息”	有删除权限
4	按钮		打印	可用	可用	单击	弹出打印预览窗口	有打印权限
5	按钮		关闭	可用	可用	单击	关闭“客户信息列表”窗口	
6	按钮		查询	可用	可用	单击	根据查询框中的查询条件，进行查询，并显示在数据窗口中	

客户信息列表管理数据窗口如表 6-3 所示。

表 6-3 客户信息列表管理数据窗口表

序号	类型	父模块	标识	描述	状态	数据	事件	响应	注释
7	数据窗口	客户信息列表	客户列表	显示数据信息	可用	从客户详细信息表中关联	单击；双击	单击：选中此条数据；此条信息高亮显示； 双击：打开此条信息“查看客户详细信息”窗口	表头： 客户编码、客户名称、客户性别、联系电话、证件类型、证件号码、登记日期

客户信息列表编辑框表如表 6-4 所示。

表 6-4 客户信息列表编辑框表

序号	类型	父模块	描述	状态	事件	响应	注 释
8	编辑框	客户信息列表	客户编码	可用	单击	获得焦点	手动输入
9	编辑框		客户姓名	可用	单击	获得焦点	手动输入
10	编辑框		联系电话	可用	单击	获得焦点	手动输入
11	下拉框		客户性别	可用	单击	获得焦点	从下拉框选择
12	下拉框		证件类型	可用	单击	获得焦点	从下拉框选择
13	编辑框		证件号码	可用	单击	获得焦点	从下拉框选择
14	编辑框		登记日期	可用	单击	获得焦点	默认当前日期
15	编辑框		固定电话	可用	单击	获得焦点	手动输入

6.1.3.2 新增客户详细信息窗口

在新增客户详细信息界面中，包括：字符框、编辑框、按钮、图片等控件，如图 6-4 所示。

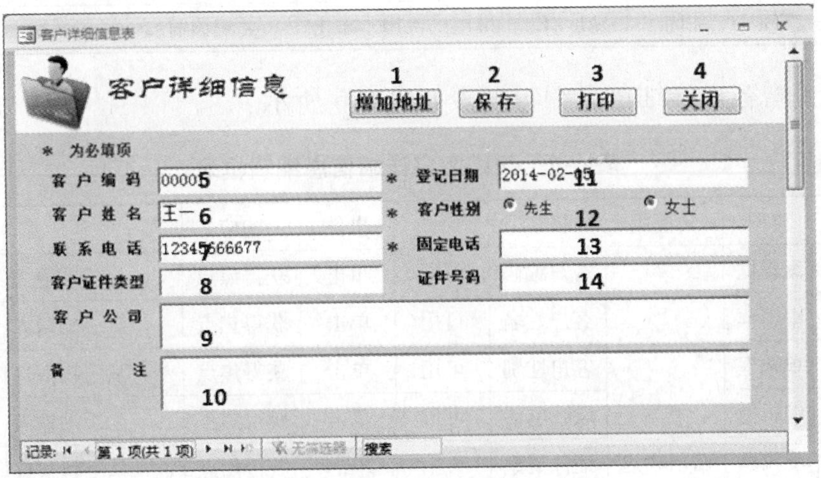

图 6-4 新增客户详细信息界面

图片、字符框等信息已在界面中显示出来，所以本书仅对编辑框（输入框）和按钮（控件）进行详细介绍。

新增客户详细信息按钮（控件）表如表 6-5 所示。

表 6-5 新增客户详细信息按键表

序号	类型	标识	快捷键	状态	默认状态	事件	响 应
1	按钮	增加地址		可用	可用	单击	当保存完客户信息后，弹出增加地址信息窗口
2	按钮	保存	Alt + S	可用	可用	单击	1. 查看必填项是否为空，若有空项则弹出“请输入 * !”提示信息； 2. 查看是否在数据库中有重复记录，若有重复记录，则弹出提示信息“有重复记录，请修改!”（查重条件为：客户编码）； 3. 查空查重后，保存页面数据到数据库，并返回到新增客户信息界面
3	按钮	打印	Alt + P	可用	可用	单击	打印该条记录的“客户详细信息表”
4	按钮	关闭	Alt + C	可用	可用	单击	关闭该窗口

新增客户详细信息编辑框表如表 6-6 所示。

表 6-6 新增客户详细信息编辑框表

序号	类型	父模块	描述	状态	事件	响应	注 释
1	编辑框	新增客户详细信息	客户编码	可用	单击	获得焦点	手动输入
2	编辑框		客户姓名	可用	单击	获得焦点	手动输入
8	单选框		客户性别	可用	单击	获得焦点	从下拉框选择
3	编辑框		联系电话	可用	单击	获得焦点	手动输入
4	下拉框		证件类型	可用	单击	获得焦点	从下拉框选择
5	编辑框		客户公司	可用	单击	获得焦点	手动输入
6	编辑框		备注	可用	单击	获得焦点	手动输入
7	编辑框		登记日期	可用	单击	获得焦点	默认当前日期
9	编辑框		固定电话	可用	单击	获得焦点	手动输入
10	编辑框		证件号码	可用	单击	获得焦点	手动输入

6.1.3.3 新增客户地址信息窗口

在新增客户地址详细信息界面中，包括：字符框、编辑框、按钮、图片等控件，如图 6-5 所示。

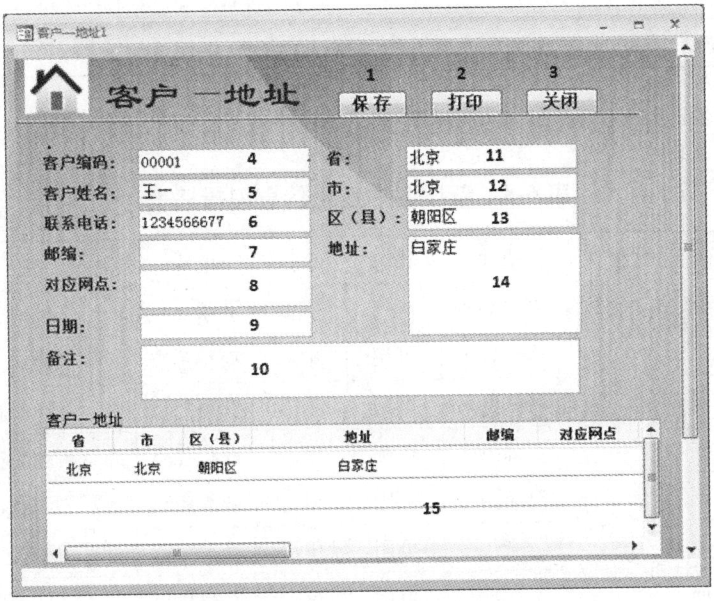

图 6-5　新增客户地址信息界面

图片、字符框等信息已在界面中显示出来。按钮（控件）表如表 6-7 所示。

表 6-7　新增客户地址信息按键表

序号	类型	标识	快捷键	状态	默认状态	事件	响　应
1	按钮	保存	Alt + S	可用	可用	单击	1. 查看必填项是否为空，若有空项则弹出“请输入 * ！”提示信息； 2. 查看是否在数据库中有重复记录，若有重复记录，则弹出提示信息“有重复记录，请修改！”（查重条件为：客户编码）； 3. 查空查重后，保存页面数据到数据库，并返回到新增客户信息界面

续表 6-7

序号	类型	标识	快捷键	状态	默认状态	事件	响 应
2	按钮	打印	Alt + P	可用	可用	单击	打印该条记录的“客户详细信息表”
3	按钮	关闭	Alt + C	可用	可用	单击	关闭该窗口

新增客户地址信息编辑框见表 6-8。

表 6-8 新增客户地址信息编辑框表

序号	类型	父模块	描述	状态	事件	响应	注 释
4	编辑框	新增客户详细信息	客户编码	可用	单击	获得焦点	自动获取
5	编辑框		客户姓名	可用	单击	获得焦点	自动获取
6	编辑框		联系电话	可用	单击	获得焦点	自动获取
7	下拉框		邮编	可用	单击	获得焦点	自动获取
8	编辑框		对应网点	可用	单击	获得焦点	自动获取
11	下拉框		省	可用	单击	获得焦点	下拉框选择
12	下拉框		市	可用	单击	获得焦点	下拉框选择
13	下拉框		区（县）	可用	单击	获得焦点	下拉框选择
14	编辑框		地址	可用	单击	获得焦点	手动输入
10	编辑框		备注	可用	单击	获得焦点	手动输入
9	编辑框		登记日期	可用	单击	获得焦点	默认当前日期

新增客户详细信息数据窗口见表 6-9。

表 6-9 新增客户详细信息数据窗口表

序号	类型	父模块	标识	描述	状态	数据	事件	响 应	注 释
15	数据窗口	新增客户地址信息	无	显示客户地址信息	可用	客户地址信息表	单击	单击：获得焦点，可以进行编辑	表头：省、市、区（县）、地址、邮编、对应网点、登记日期

6.1.3.4 查看客户详细信息窗口

在查看客户详细界面中，显示客户的全部信息，如图6-6所示。

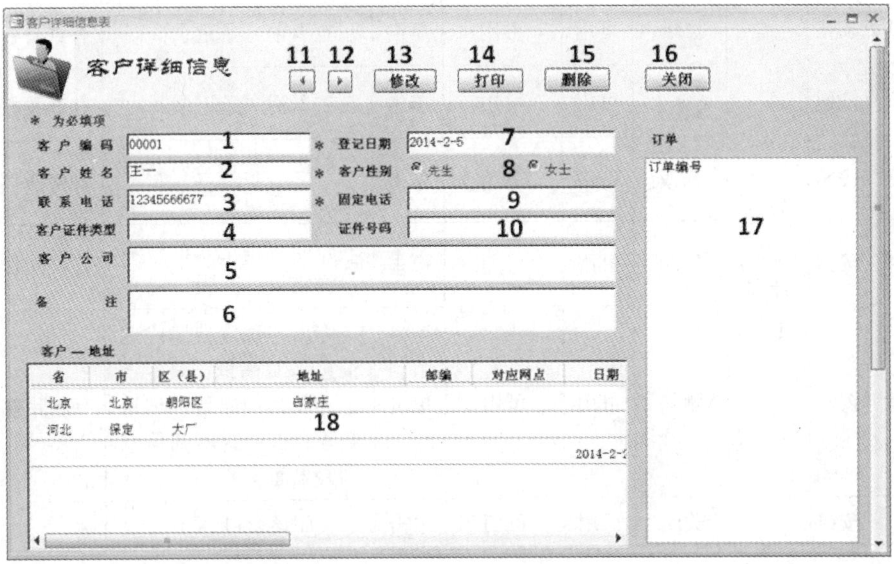

图6-6 查看客户详细信息界面

在该界面中，编辑框1~10全部为不可编辑状态，数据窗口“客户—地址”（编号：18）也仅为查看状态。在该窗口中，显示编号为17的数据窗口，从此数据窗口显示该客户所对应的所有订单情况。

查看客户详细信息数据见表6-10。

表6-10 查看客户详细信息数据窗口表

序号	类型	父模块	标识	描述	状态	数据	事件	响应	注释
18	数据窗口	查看客户详细信息	客户地址		不可用	客户地址信息表	无	无	该数据窗口记录不可编辑
17	数据窗口	查看客户详细信息	无	显示客户订单信息	不可用	客户订单信息表	单击	单击：打开此条信息“查看客户详细信息”窗口	该数据窗口记录不可编辑。表头：订单编号、订单时间、寄件省、市、区（县）

查看客户详细信息按键见表 6-11。

表 6-11　查看客户详细信息按键表

序号	类型	父模块	标识	状态	默认状态	事件	响　应	有效性
11	按钮	查看客户详细信息	◀	可用	可用	单击	查看前一条记录	有查看权限
12	按钮		▶	可用	可用	单击	查看后一条记录	有查看权限
13	按钮		修改	可用	可用	单击	弹出“修改客户详细信息”窗口	有修改权限
14	按钮		打印	可用	可用	单击	打印该条记录的“客户详细信息”表	有打印权限
15	按钮		删除	可用	可用	单击	弹出“确定要删除此信息”对话框。是：该记录及其对应地址记录删除；否：返回到信息列表界面	有删除权限
16	按钮		关闭	可用	可用	单击	关闭该窗口	

6.1.3.5　修改客户详细信息窗口

修改客户详细信息见图 6-7。

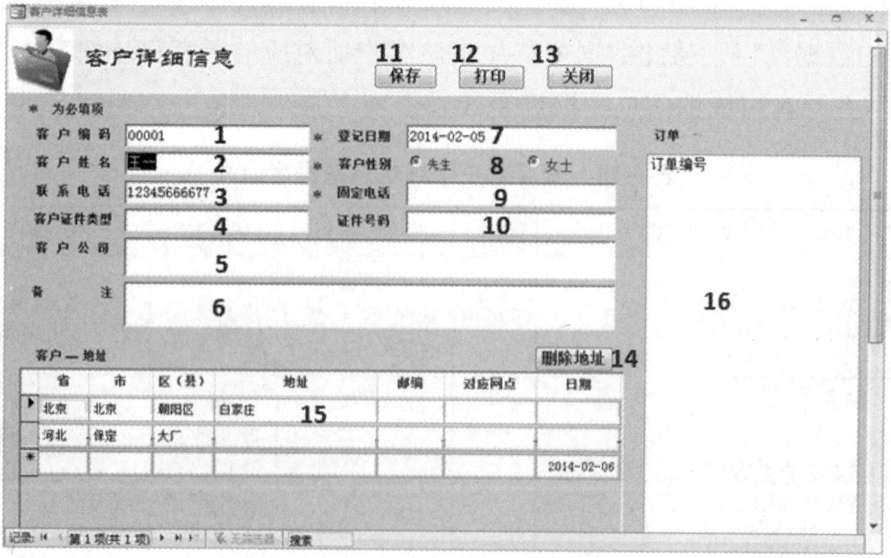

图 6-7　修改客户详细信息界面

在该窗口中，编辑框、按键及数据窗口“客户—地址”都可进行编辑，订单数据窗口（序号16）仅供操作人员查看使用，没有修改功能。各个控件的功能如表6-12所示。

表6-12 修改客户详细信息编辑框表

序号	类型	父模块	描述	状态	事件	响应	注 释
1	编辑框	客户信息列表	客户编码	可用	单击	获得焦点	手动输入
2	编辑框		客户姓名	可用	单击	获得焦点	手动输入
8	单选框		客户性别	可用	单击	获得焦点	从下拉框选择
3	编辑框		联系电话	可用	单击	获得焦点	手动输入
4	下拉框		证件类型	可用	单击	获得焦点	从下拉框选择
5	编辑框		客户公司	可用	单击	获得焦点	手动输入
6	编辑框		备注	可用	单击	获得焦点	手动输入
7	编辑框		登记日期	可用	单击	获得焦点	默认当前日期
9	编辑框		固定电话	可用	单击	获得焦点	手动输入
10	编辑框		证件号码	可用	单击	获得焦点	手动输入

按钮（控件）表如表6-13所示。

表6-13 修改客户详细信息按键表

序号	类型	标识	快捷键	状态	默认状态	事件	响 应
11	按钮	保存	Alt + S	可用	可用	单击	1. 查看必填项是否为空，若有空项则弹出“请输入 * !”提示信息； 2. 查看是否在数据库中有重复记录，若有重复记录，则弹出提示信息“有重复记录，请修改!”（查重条件为：客户编码）； 3. 查空查重后，保存页面数据到数据库，并返回到数据列表界面
12	按钮	打印	Alt + P	可用	可用	单击	打印该条记录的“客户详细信息表”

续表 6-13

序号	类型	标识	快捷键	状态	默认状态	事件	响　应
13	按钮	关闭	Alt + C	可用	可用	单击	关闭该窗口
14	按钮	删除地址	Alt + D	可用	可用	单击	选中数据弹出“确定要删除此信息”对话框。是：选中数据删除；否：返回到修改客户信息窗口； 数据窗口内无数据，弹出提示信息“没有需要删除的信息!”； 未选中数据，弹出提示信息“请选择需要删除的信息”

6.1.3.6 删除客户信息窗口

删除客户信息界面如图 6-8 所示。

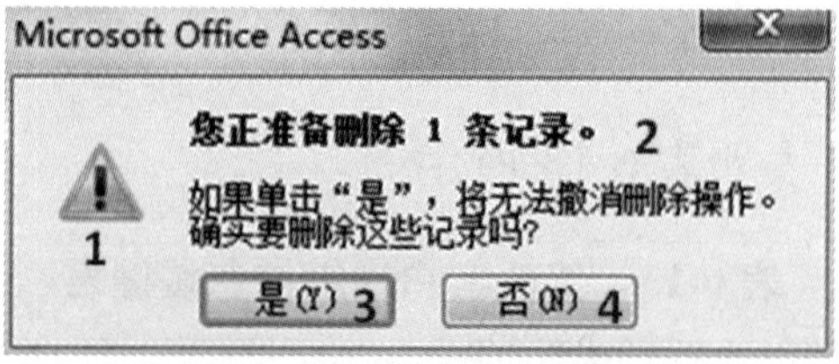

图 6-8　删除客户信息界面

删除客户信息按键见表 6-14。

表 6-14　删除客户信息按键表

按键	类型	父模块	标　识	状态	默认状态	事件	响　应
1	图片	删除客户信息			N/A	无	
2	字符		您正准备删除 1 条记录	N/A	N/A	无	
3	按钮		是	可用	可用	单击	删除客户信息
4	按钮		否	可用	可用	单击	取消删除、回到查看该信息的界面

6.1.3.7 查询客户信息窗口

在客户信息列表窗口，有查询选项组如图6-9所示。

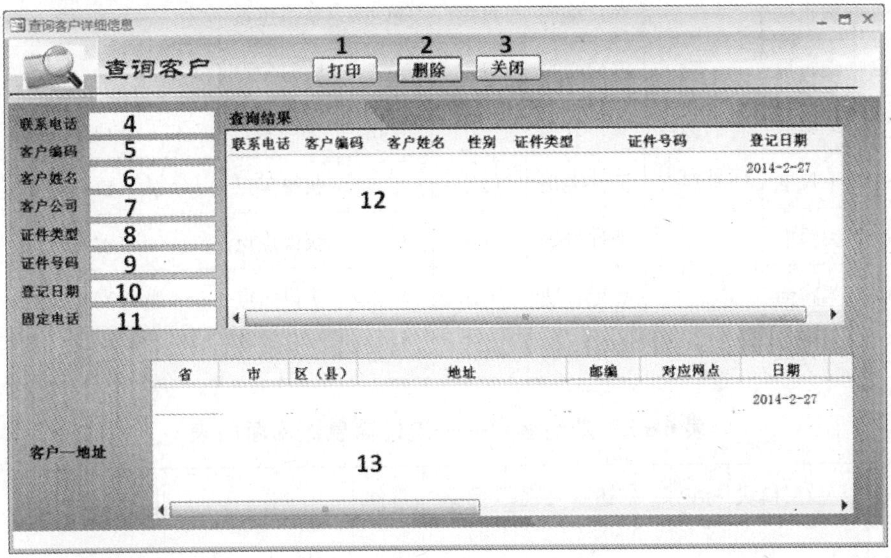

图6-9 查询客户信息界面

查询客户信息按键见表6-15～表6-17。

表6-15 查询客户信息按键表

序号	类型	父模块	标识	状态	默认状态	事件	响 应	有效性
1	按钮		打印	可用	可用	单击	打印该条记录的“客户详细信息”表	有打印权限
2	按钮	查询客户信息	删除	可用	可用	单击	弹出“确定要删除此信息”对话框。是：该记录及其对应地址记录删除；否：返回到信息列表界面	有删除权限
3	按钮		关闭	可用	可用	单击	关闭该窗口	

表 6-16 查询客户信息编辑框表

序号	类型	父模块	描述	状态	事件	响应	注 释
4	编辑框	查询客户信息列表	联系电话	可用	单击	获得焦点	手动输入
5	编辑框		客户编码	可用	单击	获得焦点	手动输入
6	编辑框		客户姓名	可用	单击	获得焦点	手动输入
7	编辑框		客户公司	可用	单击	获得焦点	手动输入
8	下拉框		证件类型	可用	单击	获得焦点	从下拉框选择
9	编辑框		证件号码	可用	单击	获得焦点	手动输入
10	编辑框		登记日期	可用	单击	获得焦点	默认当前日期
11	编辑框		固定电话	可用	单击	获得焦点	手动输入

表 6-17 查询客户——地址信息数据窗口表

序号	类型	父模块	标识	描述	状态	数据	事件	响 应	注 释
12	数据窗口	查询客户信息	查询结果	显示客户列表信息	可用	客户详细信息表	单击；双击	单击：获得焦点； 双击：打开此条信息“查看客户详细信息”窗口； 用户在输入编辑框中信息时，数据窗口显示查询信息	表头： 联系电话、客户编码、客户姓名、性别、证件类型、证件号码、登记日期
13	数据窗口		无	显示客户对应地址信息	可用	客户地址信息表	无	数据窗口显示客户对应的地址信息	表头： 省、市、区(县)、地址、邮编、对应网点、登记日期

6.2 订单管理模块详细设计

6.2.1 涉及操作流程

订单管理模块涉及流程如图6-10所示。

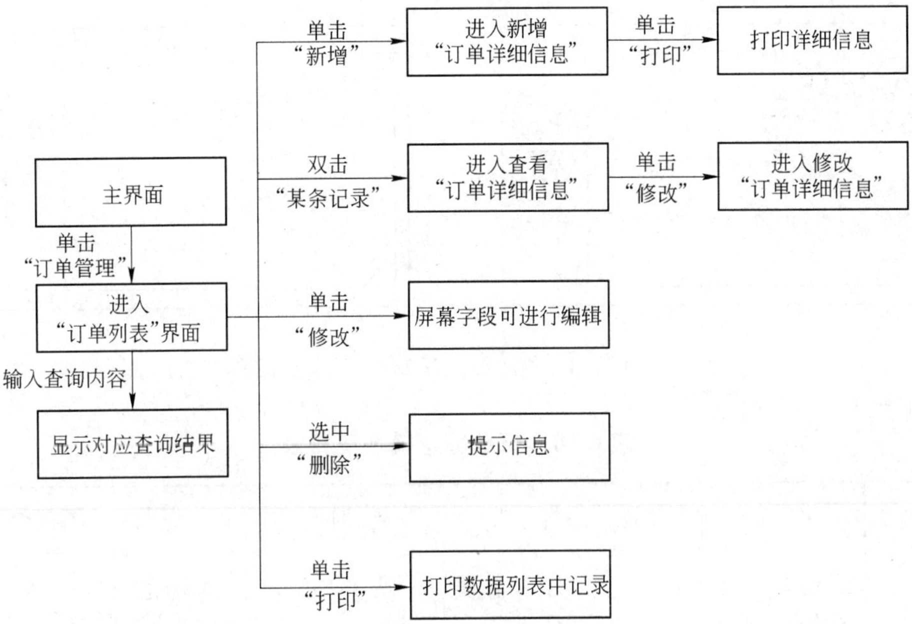

图6-10 订单管理模块涉及流程示意图

6.2.2 解决方案

订单管理模块解决方案如图6-11所示。

6.2.3 用户界面

在订单管理模块中，分别有以下几个窗口，如表6-18所示。

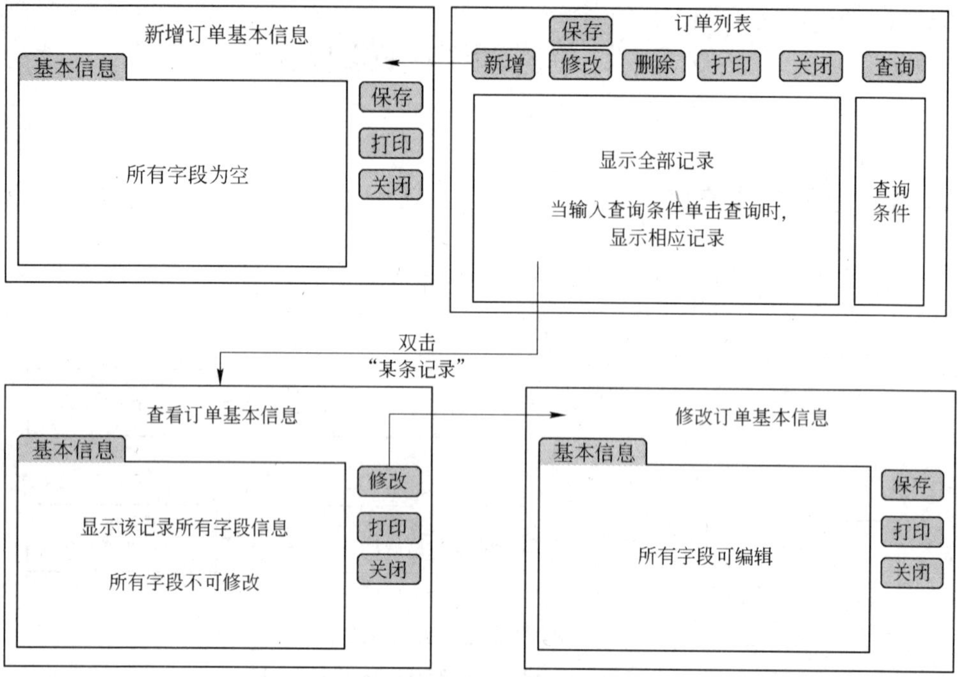

图 6-11 订单管理模块解决方案示意图

表 6-18 订单管理模块窗口表

序号	名 称	父模块	题 头	事 件	响 应	有效性
1	订单信息列表	订单管理	订单信息列表	最小化、关闭	在最小化、关闭时发生	有查看权限
2	增加订单基本信息		增加订单基本信息	最小化、关闭	在最小化、关闭时发生	有增加权限
3	查看订单基本信息		查看订单基本信息	最小化、关闭	在最小化、关闭时发生	有查看权限
4	修改订单基本信息		修改订单基本信息	最小化、关闭	在最小化、关闭时发生	有修改权限
5	查询客户信息		查询客户信息	关闭	关闭	有查看权限

6.2.3.1 订单信息列表窗口

订单信息列表界面如图 6-12 所示。在订单信息列表界面中，包括：字符框、编辑框、按钮、图片、数据窗口等控件。

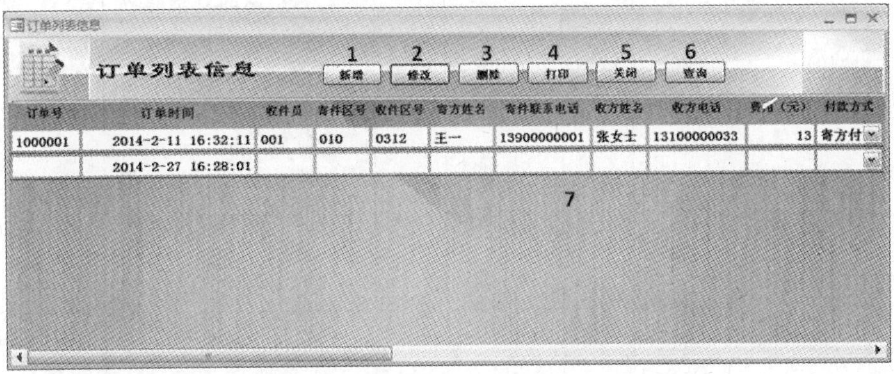

图 6-12 订单信息列表界面

客户信息列表按键（控件）表如表 6-19 所示。

表 6-19 客户信息列表按键表

序号	类型	父模块	标识	状态	默认状态	事件	响 应	有效性
1	按钮	订单信息列表	新增	可用	可用	单击	弹出“增加订单基本信息”窗口	有增加权限
2	按钮		修改	可用	可用	单击	客户列表数据窗口的记录可编辑； 在修改完数据后，单击“修改”，则保存数据窗口信息	有修改权限

续表 6-19

序号	类型	父模块	标识	状态	默认状态	事件	响　应	有效性
3	按钮	订单信息列表	删除	可用	可用	单击	选中数据弹出“确定要删除此信息”对话框。是：选中数据删除；否：返回到信息列表界面； 数据窗口内无数据，弹出提示信息“没有需要删除的信息！”； 未选中数据，弹出提示信息“请选择需要删除的信息”	有删除权限
4	按钮		打印	可用	可用	单击	弹出打印预览窗口	有打印权限
5	按钮		关闭	可用	可用	单击	关闭“客户信息列表”窗口	
6	按钮		查询	可用	可用	单击	弹出“查询订单信息”窗口	有查询权限

客户信息列表管理数据窗口表见表 6-20。

表 6-20　客户信息列表管理数据窗口表

序号	类型	父模块	标识	描述	状态	数据	事件	响　应	注　释
	数据窗口	客户信息列表	无	显示数据信息	可用	从客户详细信息表中关联	单击；双击	单击：选中此条数据；此条信息高亮显示； 双击：打开此条信息“查看客户详细信息”窗口	表头： 客户编码、客户名称、客户性别、联系电话、证件类型、证件号码、登记日期

客户信息列表编辑框表见表 6-21。

表 6-21 客户信息列表编辑框表

序号	类型	父模块	描述	状态	事件	响应	注 释
1	编辑框	客户信息列表	客户编码	可用	单击	获得焦点	手动输入
2	编辑框		客户姓名	可用	单击	获得焦点	手动输入
3	下拉框		客户性别	可用	单击	获得焦点	从下拉框选择
4	编辑框		联系电话	可用	单击	获得焦点	手动输入
5	下拉框		证件类型	可用	单击	获得焦点	从下拉框选择
6	编辑框		登记日期	可用	单击	获得焦点	默认当前日期
7	编辑框		固定电话	可用	单击	获得焦点	手动输入

6.2.3.2 新增订单基本信息窗口

在新增订单基本信息界面中，包括：字符框、编辑框、按钮、图片等控件，如图 6-13 所示。

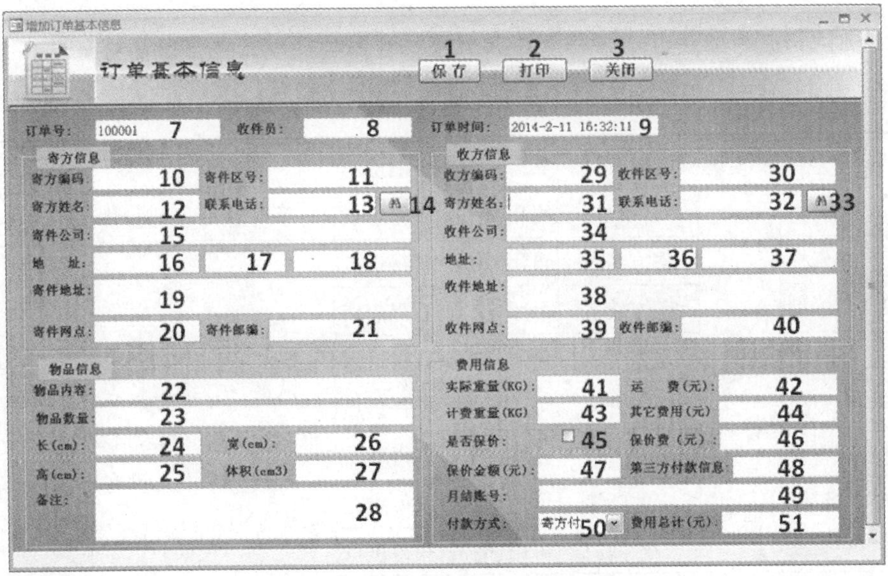

图 6-13 新增订单基本信息界面

新增订单基本信息按键（控件）表如表 6-22 所示。

表 6-22 新增订单基本信息按键表

序号	类型	标识	快捷键	状态	默认状态	事件	响应
14	按钮		无	可用	可用	单击	弹出“查询客户信息”窗口
33	按钮		无	可用	可用	单击	弹出“查询客户信息”窗口
1	按钮	保存	Alt + S	可用	可用	单击	1. 查看必填项是否为空，若有空项则弹出“请输入 * !”提示信息； 2. 查看是否在数据库中有重复记录，若有重复记录，则弹出提示信息“有重复记录，请修改!”(查重条件为：订单号)； 3. 查空查重后，保存页面数据到数据库，并返回到新增订单信息界面
2	按钮	打印	Alt + P	可用	可用	单击	打印该条记录的“订单基本信息表”
3	按钮	关闭	Alt + C	可用	可用	单击	关闭该窗口

新增订单基本信息编辑框表见表 6-23。

表 6-23 新增订单基本信息编辑框表

序号	类型	父模块	描 述	状态	事件	响应	注 释
7	编辑框	新增订单基本信息	订单号	可用	单击	获得焦点	手动输入/条码扫描
10	编辑框		寄方编码	可用	单击	获得焦点	从客户详细信息表、客户地址信息表中获取相关信息； 若数据库中无该客户信息，需要先新增客户信息后然后获取到相关信息
12	编辑框		寄方姓名	可用	单击	获得焦点	
13	编辑框		寄方电话	可用	单击	获得焦点	
15	编辑框		寄件公司	可用	单击	获得焦点	
11	编辑框		寄件区号	可用	单击	获得焦点	
21	编辑框		寄件邮编	可用	单击	获得焦点	
16	编辑框		寄件省	可用	单击	获得焦点	
17	编辑框		寄件市	可用	单击	获得焦点	
18	编辑框		寄件区（县）	可用	单击	获得焦点	
19	编辑框		寄件地址	可用	单击	获得焦点	

续表 6-23

序号	类型	父模块	描　述	状态	事件	响应	注　释
20	编辑框	新增订单基本信息	寄件网点	可用	单击	获得焦点	从网点信息表获取/手动输入
29	编辑框		收方编码	可用	单击	获得焦点	从客户详细信息表、客户地址信息表中获取相关信息； 若数据库中无该客户信息，需手工录入
31	编辑框		收方姓名	可用	单击	获得焦点	
32	编辑框		收方电话	可用	单击	获得焦点	
34	编辑框		收件公司	可用	单击	获得焦点	
30	编辑框		收件区号	可用	单击	获得焦点	
40	编辑框		收件邮编	可用	单击	获得焦点	
35	下拉框		收件省	可用	单击	获得焦点	
36	下拉框		收件市	可用	单击	获得焦点	
37	下拉框		收件区（县）	可用	单击	获得焦点	
38	编辑框		收件地址	可用	单击	获得焦点	
39	编辑框		收件网点	可用	单击	获得焦点	从网点信息表获取/手动输入
22	编辑框		物品内容	可用	单击	获得焦点	手动输入
23	编辑框		数量	可用	单击	获得焦点	手动输入
24	编辑框		长/cm	可用	单击	获得焦点	手动输入
26	编辑框		宽/cm	可用	单击	获得焦点	手动输入
25	编辑框		高/cm	可用	单击	获得焦点	手动输入
27	编辑框		体积/cm^3	可用	单击	获得焦点	自动生成
41	编辑框		实际质量/kg	可用	单击	获得焦点	手动输入
43	编辑框		计费质量/kg	可用	单击	获得焦点	手动输入
42	编辑框		运费/元	可用	单击	获得焦点	自动生成
45	下拉框		是否保价	可用	单击	获得焦点	从下拉框选择
47	编辑框		保价金额	可用	单击	获得焦点	手动输入
46	编辑框		保价费/元	可用	单击	获得焦点	自动生成
44	编辑框		其他费用	可用	单击	获得焦点	手动输入
51	编辑框		费用总计/元	可用	单击	获得焦点	自动生成
50	下拉框		付款方式	可用	单击	获得焦点	从下拉框选择

续表 6-23

序号	类型	父模块	描　述	状态	事件	响应	注　释
48	编辑框	新增订单基本信息	第三付款信息	可用	单击	获得焦点	手动输入
49	编辑框		月结账号	可用	单击	获得焦点	手动输入
9	编辑框		订单时间	可用	单击	获得焦点	默认系统时间/手动输入
8	编辑框		收件员	可用	单击	获得焦点	默认登录用户/手动输入
28	编辑框		备　注	可用	单击	获得焦点	手动输入

6.2.3.3　查看订单基本信息窗口

在查看订单基本界面中，显示订单的全部信息，如图 6-14 所示。

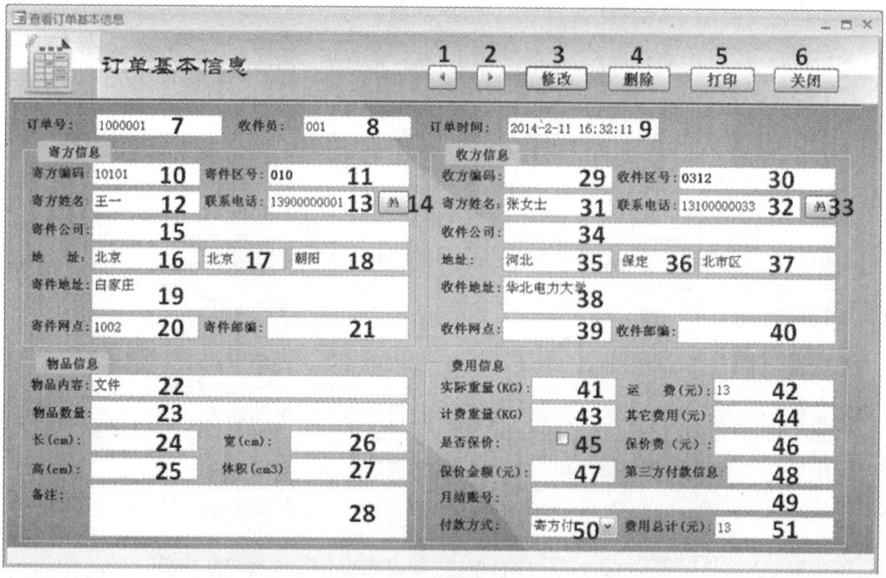

图 6-14　查看订单基本信息界面

在该界面中，字符框和对应的编辑框（序号 1 ~ 51）全部为不可用状态，仅为查看窗口。

查看客户基本信息按键见表 6-24。

表 6-24 查看客户基本信息按键表

序号	类型	父模块	标识	状态	默认状态	事件	响 应	有效性
1	按钮	查看订单基本信息		可用	可用	单击	查看前一条记录	
2	按钮			可用	可用	单击	查看后一条记录	
3	按钮		修改	可用	可用	单击	弹出“修改订单基本信息”窗口	有修改权限
4	按钮		打印	可用	可用	单击	打印该条记录的“订单基本信息”表	有打印权限
5	按钮		删除	可用	可用	单击	弹出“确定要删除此信息”对话框。是：该订单记录；否：返回到信息列表界面	有删除权限
6	按钮		关闭	可用	可用	单击	关闭该窗口	

6.2.3.4 修改订单基本信息窗口

修改订单基本信息窗口见图 6-15。

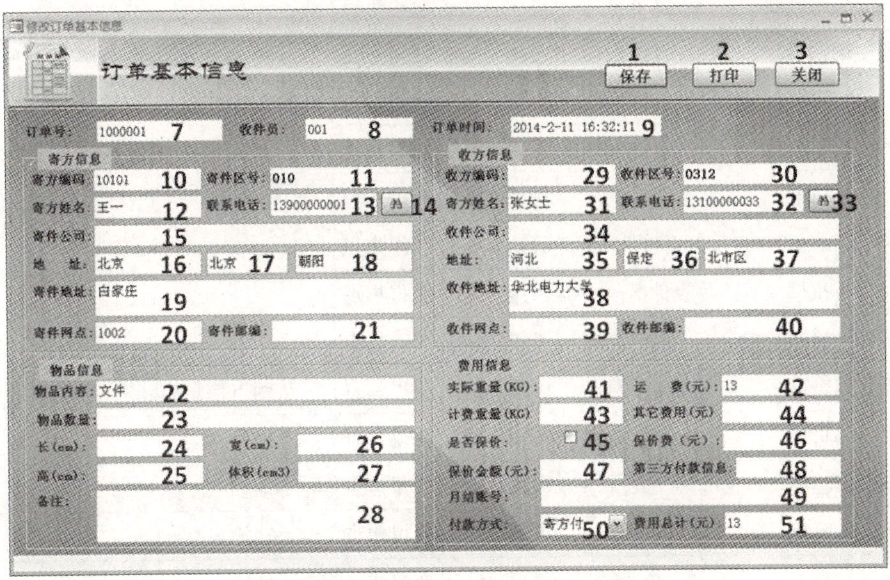

图 6-15 修改订单基本信息界面

修改订单基本信息编辑框表见表6-25。

表6-25 修改订单基本信息编辑框表

序号	类型	父模块	描述	状态	事件	响应	注释
7	编辑框	修改订单基本信息	订单号	可用	单击	获得焦点	手动输入/条码扫描
10	编辑框	修改订单基本信息	寄方编码	可用	单击	获得焦点	从客户详细信息表、客户地址信息表中获取相关信息；若数据库中无该客户信息，需要先新增客户信息后然后获取到相关信息
12	编辑框	修改订单基本信息	寄方姓名	可用	单击	获得焦点	
13	编辑框	修改订单基本信息	寄方电话	可用	单击	获得焦点	
15	编辑框	修改订单基本信息	寄件公司	可用	单击	获得焦点	
11	编辑框	修改订单基本信息	寄件区号	可用	单击	获得焦点	
21	编辑框	修改订单基本信息	寄件邮编	可用	单击	获得焦点	
16	编辑框	修改订单基本信息	寄件省	可用	单击	获得焦点	
17	编辑框	修改订单基本信息	寄件市	可用	单击	获得焦点	
18	编辑框	修改订单基本信息	寄件区（县）	可用	单击	获得焦点	
19	编辑框	修改订单基本信息	寄件地址	可用	单击	获得焦点	
20	编辑框	修改订单基本信息	寄件网点	可用	单击	获得焦点	从网点信息表获取/手动输入
29	编辑框	修改订单基本信息	收方编码	可用	单击	获得焦点	从客户详细信息表、客户地址信息表中获取相关信息；若数据库中无该客户信息，需手工录入
31	编辑框	修改订单基本信息	收方姓名	可用	单击	获得焦点	
32	编辑框	修改订单基本信息	收方电话	可用	单击	获得焦点	
34	编辑框	修改订单基本信息	收件公司	可用	单击	获得焦点	
30	编辑框	修改订单基本信息	收件区号	可用	单击	获得焦点	
40	编辑框	修改订单基本信息	收件邮编	可用	单击	获得焦点	
35	下拉框	修改订单基本信息	收件省	可用	单击	获得焦点	
36	下拉框	修改订单基本信息	收件市	可用	单击	获得焦点	
37	下拉框	修改订单基本信息	收件区（县）	可用	单击	获得焦点	
38	编辑框	修改订单基本信息	收件地址	可用	单击	获得焦点	
39	编辑框	修改订单基本信息	收件网点	可用	单击	获得焦点	从网点信息表获取/手动输入
22	编辑框	修改订单基本信息	物品内容	可用	单击	获得焦点	手动输入
23	编辑框	修改订单基本信息	数量	可用	单击	获得焦点	手动输入
24	编辑框	修改订单基本信息	长/cm	可用	单击	获得焦点	手动输入
26	编辑框	修改订单基本信息	宽/cm	可用	单击	获得焦点	手动输入

续表 6-25

序号	类型	父模块	描　述	状态	事件	响应	注　释
25	编辑框	修改订单基本信息	高/cm	可用	单击	获得焦点	手动输入
27	编辑框		体积/cm^3	可用	单击	获得焦点	自动生成
41	编辑框		实际质量/kg	可用	单击	获得焦点	手动输入
43	编辑框		计费质量/kg	可用	单击	获得焦点	手动输入
42	编辑框		运费/元	可用	单击	获得焦点	自动生成
45	下拉框		是否保价	可用	单击	获得焦点	从下拉框选择
47	编辑框		保价金额	可用	单击	获得焦点	手动输入
46	编辑框		保价费/元	可用	单击	获得焦点	自动生成
44	编辑框		其他费用	可用	单击	获得焦点	手动输入
51	编辑框		费用总计/元	可用	单击	获得焦点	自动生成
50	下拉框		付款方式	可用	单击	获得焦点	从下拉框选择
48	编辑框		第三付款信息	可用	单击	获得焦点	手动输入
49	编辑框		月结账号	可用	单击	获得焦点	手动输入
9	编辑框		订单时间	可用	单击	获得焦点	默认系统时间/手动输入
8	编辑框		收件员	可用	单击	获得焦点	默认登录用户/手动输入
28	编辑框		备　注	可用	单击	获得焦点	手动输入

修改订单基本信息按键表见表 6-26。

表 6-26　修改订单基本信息按键表

序号	类型	标识	快捷键	状态	默认状态	事件	响　应
1	按钮	保存	Alt + S	可用	可用	单击	1. 查看必填项是否为空，若有空项则弹出“请输入 * !”提示信息； 2. 查看是否在数据库中有重复记录，若有重复记录，则弹出提示信息“有重复记录，请修改!”(查重条件为：订单号)； 3. 查空查重后，保存页面数据到数据库，并返回到数据列表界面

续表 6-26

序号	类型	标识	快捷键	状态	默认状态	事件	响应
2	按钮	打印	Alt + P	可用	可用	单击	打印该条记录的“订单基本信息表”
3	按钮	关闭	Alt + C	可用	可用	单击	关闭该窗口

6.2.3.5 删除订单信息窗口

删除订单信息界面如图 6-16 所示。

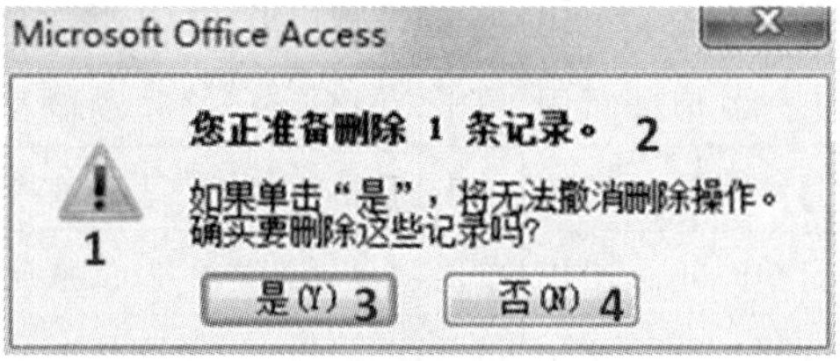

图 6-16 删除订单信息界面

删除订单信息按键表见表 6-27。

表 6-27 删除订单信息按键表

按键	类型	父模块	标 识	状态	默认状态	事件	响 应
1	图片	删除订单信息			N/A	无	
2	字符		您正准备删除 1 条记录	N/A	N/A	无	
3	按钮		是	可用	可用	单击	删除订单信息
4	按钮		否	可用	可用	单击	取消删除、回到查看该信息的界面

本章小结

由于篇幅有限，本章仅对客户管理模块和订单管理模块进行详细设计。详细设计包括操作过程中涉及的流程，需求分析中提出的问题对应的解决方案和各个界面的控件详细设计。在本章节的基础上，可以更为便捷地进行 MIS 的编程等后续工作。

7 结论及展望

7.1 研究结论

物流系统是一个多环节的复杂系统，各个环节的相互衔接是通过物流信息共享来实现的。在物流过程中，伴随着物流的进行而产生大量的信息输入输出等动态等数据，这些数据不断地被传输和反馈，形成了信息流。为了使物流活动正常且有规律地进行，必须保证物流信息的畅通。物流企业的信息建设就是将新的思想、新方法、新技术将物流信息在企业内部、企业之间乃至整个供应链达到共享的一种方式。

精益思想是丰田公司总结出的一套管理思想，是整个企业运行的核心理念。精益管理的精髓就在于：不仅要在生产过程中追求精益，还要在与企业生存、发展的环境的适宜性中追求精益，在与企业相关联的合作伙伴、客户等供应链上下游的关系中追求精益。

本文从物流行业发展背景以及中国物流配送信息化建设现状和发展趋势谈起，分析了现代物流配送在信息化建设方面存在和面临的问题，提出配送管理信息系统实施的必要性；介绍了第三方物流、物流配送、精益思想和精益物流的概念和理论；然后分析了中小型第三方物流配送环节存在问题及分析企业组织结构现在和业务流程，并进行需求分析。

介绍了精益思想的改善工具之一——价值流图析法，然后结合中小型快递企业的配送流程运用该方法建立基准线、分析价值流并绘制当前状态图。在此研究基础上，判别和界定非增值和浪费活动，并设计新的流程和绘制未来状态图，对客户的精益管理提出实施策略。

阐述管理信息系统的建设目标及开发的基本原则，并对第三方物流配送管理信息系统进行关键业务流程如订单管理、库存管理、客户管理等流程进行分析与设计；针对客户管理和订单管理两个功能模块进行了详细系统设计。为企业提供一个关于配送管理的解决方案。最后，提出了第三方物流配送管理信息系统开发环境和安全保证，为第三方物流企业的信息化实施过程提供借鉴。

7.2 研究的不足

由于时间的原因以及作者水平有限，本书没有对系统的每一个模块给出比较详细的实现方案，这也是本书需要进一步完善的地方，特别是在以下几个方面的研究需要进行深入：

(1) 本书只是进行基于精益思想的第三方物流配送环节方面的研究，对于运输环节、配送路径优化等方面还有待进一步的研究和探讨。

(2) 自动分拣是将来第三方物流行业的发展趋势，在本书中没有过多的深入研究。

(3) 标准作业、目视管理、5S 管理等也是精益改善的方法，在本书的研究中只用到了价值流图析法。

总之，基于精益思想的第三方物流配送系统是一个比较有现实指导意义的课题，本书只是讨论和分析了其中的部分问题，对于大多数问题和研究方法都是现代物流和精益管理的发展新方向，也是需要我们进一步研究和探讨的新的课题。

7.3 展　望

随着众多中小型第三方物流企业的涌现，第三方物流企业间的资源管理却依然处于分割管理的状态，社会物流资源存在着严重的重复建设问题；同时，某些第三方物流企业由于受能力限制，只能在某些区域提供物流服务，严重阻碍了业务的发展，如何降低配送成本、扩大服务范围是摆在各第三方物流企业面前的重大问题。因此，基于协同服务的思想构建第三方物流协同服务配送管理系统，实现不同企业间的共同配送，通过各物流企业间的联手配送，降低资源重复建设率，同时把业务扩大到较大的范围，无疑会是最佳的配送选择。

在第三方物流协同服务平台中，运输配送管理系统将处于整个信息平台的核心地位。第三方物流协同服务运输管理系统创造性地将各第三方物流企业的运输配送资源整合在一个相对独立的信息系统中，在这个运输配送管理系统内部对订单管理和仓储管理以外的运输配送环节进行流程整合及优化，更高程度地促进了第三方物流企业的健康发展。因此，考虑整合物流资源，进一步设计与实现第三方物流协同配送系统。

精益管理思想就是企业不断前行的源头，是企业在激烈竞争中得以长足发展的基石，面对当前的全球经济迅速发展的大环境，在制造行业，工业工程方面的应用技术也逐步深化，准时化生产方式也有更系统化、更深层次的发展，我们需要通过精益管理的方法、技术、理念来推动企业节约成本、提高收入、优化流程、提升效率，在有限的资源约束下最大限度地挖掘利益，并将精益思想的应用范围扩展到不同行业和企业，对更多的领域和行业的流程优化和改善都有积极的促进作用。

附　　表

数据字典

项　目	下拉框选项
证件类型	居民身份证
	港澳居民来往内地通行证
	台湾居民来往大陆通行证
	护照
性　别	男
	女
付款方式	寄方付
	收方付
	第三方付
车辆类型	机动车
	电动车
	电动三轮车
处理状态	未处理
	处理中
	已处理
订单状态	派送准备
	派送中
	已派送

致　谢

本书从确定选题，到信息资料的收集和整理，再到实际业务的分析，直到完成，耗时近一年时间。专著得以出版受到“北京高等学校青年英才计划项目”的资助，非常感谢该项目给予的大力支持！

在研究及撰写的整个过程中，得到了北京联合大学机电学院工业工程系各位教师的耐心指导，并提出了很多建设性的意见，使我受益匪浅。除此之外，我还要感谢冶金工业出版社姜晓辉老师，正是他的精心编辑和运作，才使本书能够高质量地出版。

另外，本书还借鉴了一些中外学者的论著以及论文中的观点（均在参考文献中说明），有的可能因疏漏未能注明，谨对文献作者们的开拓性研究表示敬意！在此，我要向所有对本书提供帮助的人士表示衷心的感谢。

特别需要提及的是，在本书的撰写过程中，我的家人始终在背后默默支持着我，才使我有信心在工作之余坚持以上的学术研究。因此，本书也凝结了他们的亲情和温暖。

王　慧

2014 年 2 月于北京